아이만 빼고 다 바꿔라

아이만 빼고 다 바꿔라

초판 1쇄 인쇄 | 2022년 2월 25일
초판 1쇄 발행 | 2022년 3월 10일

지은이 | 김영희
펴낸이 | 김용길
펴낸곳 | 작가교실
출판등록 | 제 2018-000061호 (2018. 11. 17)

주소 | 서울시 동작구 양녕로 25라길 36, 103호
전화 | (02) 334-9107
팩스 | (02) 334-9108
이메일 | book365@hanmail.net
인쇄 | 하정문화사

ⓒ 2022, 김영희
ISBN 979-11-91838-06-0 03370

＊책값은 뒤표지에 표기되어 있습니다.
＊잘못 만들어진 책은 구입처에서 교환해 드립니다.

AI도 꼼짝 못할 대한민국 육아전문작가의 육아 비법

아이만
빼고
다 바꿔라

김영희 지음

작가교실

성공 방정식이 달라졌다

내가 남보다 잘나야 하고, 공부도 잘해야 하며, 좋은 대학 가고, 대기업에 취직해 돈도 많이 벌어야 성공이라 칭했다. 이제 성공 방정식이 바뀌고 있다. 실패도 성공이고 그 과정에서 여러 시행착오 결과 참 지혜를 얻는 것도 성공의 한 단면이다. 성공은 실수와 실패를 통한 얻음에서 오며 같이 협력할 때 시너지 효과가 더 크다.

초중고교의 12년을 거쳐 대학교에 들어간다. 입학 후 학문과 지성을 탐구하기보다 직장에 들어가기 위한 준비로 스펙쌓기에 열심이다. 기업에서는 화려한 스펙을 가진 지원자를 뽑아도 업무에 별 도움이 되지 않음을 뒤늦게 깨닫게 되었다. 스펙과 문제해결 능력과는 별개임을 눈치챈 셈이다. 급변하는 시대에 대기업에서도 스펙을 보지 않고 인성을 보겠다고 선포했다.

에디슨, 아인슈타인, 라이트 형제, 링컨, 앤드류 카네기, 헨리 포드, 스티브 잡스, 빌 게이츠, 마크 저커버그, 래리 엘리슨, 마이크 탭 등이 모두 중퇴자다. 세계 첨단산업을 주도하는 실리콘밸리에서는 이미 학력 파괴의 바람이 드세다. 학력이 아닌 실력의 중요성을 깨달았기 때문이다. 가장 혁신적인 기업 환경을 가진 회사로 평가받는 구글은 대학 졸업장이 없는 직원을 채용하고 있다.

이제는 전문가를 넘어선 초전문가 시대가 될 것이다. 일부 기업과 조직이 과거의 시스템이었다면 미래에는 수많은 사람들 각자가 서로 다른 가치를 창출해 리더가 되고 최고 전문가가 된다. 즉 메이커 시대로 1인 기업가가 주를 이룰 것이다. 기존의 최고를 구가하던 의사, 변호사, 공인회계사, 세무사 등의 화이트칼라 직업군은 인공지능의 발달로 고지능의 기계로 대체되어 점점 퇴색할 것이다. 이러한 때 내 아이만의 독특한 이력과 브랜드의 Key는 무엇일까.

인공지능에게 맡길 수 없는 1순위 '육아'

2016년 10월 26일 하버드비즈니스리뷰(HBR)에 따르면 미국계 홍보대행사 웨버샌드윅의 루이스 게인스-로스 수석 평판 전략가는 한국일보와 KRC 리서치가 미국·영국·캐나다·중국·브라질 등 5개국의 소비자 2,100명을 설문한 결과 응답자의 3분의 2 이상은 AI에 맡길 일 중에서 인공지능에게 맡길 수 없는 1순위는 단연 '육아'였다. 부모가 아이에게 줄 수 있는 무한 사랑과 인내를 기계가 대신할 수 없다는 결론이다. 부모의 따스한 사랑만큼 중요한 것도 없다. 아무리 기계가 발달한다 해도 인간의 감성을 키우는 육아 만큼은 AI가 충족시킬 수 없음은 자명하다.

미래를 이끌어 갈 우리 아이를 어떻게 길러야 할지가 큰 과제다. 과거의 방식으로는 미래를 장담할 수 없다. 2007년 MBC 라디오 '손에 잡히는 경제 유종일입니다'에 출현한 미래학자 앨빈 토플러는 "한국이 과거 산업시대의 교육 시스템을 유지하는 것은 크나큰 장애물이며, 청소년 대상 일종의 감옥에 돈을 쏟아 붓는 격"이라고 강도 높게 비판했다. 변화하지 않고 포기할 때 곧 사라질 수 있다는 교훈이다.

나무 그늘을 이용하려면 20~30년 전에 미리 나무를 심어야 한다

나무 그늘을 이용하려면 20~30년 전에 미리 나무를 심어야 하듯 아이의 미래는 오늘 여기에 한 알의 씨앗을 심는 일이다. 씨앗이 자라려면 좋은 토양과 햇빛, 물, 공기와 바람이 필요한데, 교육으로 치자면 신뢰, 사랑, 배려, 기다림 등이 그것이다. 부모는 그 바탕을 튼튼히 세워줘야 할 의무가 있다.

온실 속의 허약한 식물은 언젠가는 시들고 만다. 하지만 자연초는 어떤 비바람에도 흔들리지 않는다. 따스한 온실의 온기와 온실 밖의 자연을 조화하는 데 있어 부모의 역할이 크다. 기초를 단단히 해 기둥을 잘 세우고 사랑과 배려, 존중이라는 지붕을 씌우면 튼튼한 집이 만들어진다. 이 책에서는 부모의 방향 설정과 해야 할 일, 하지 말아야 할 일이 무엇인지 알게 한다.

모험과 창의의 탈추격 사회

우리나라는 1950년대 아프리카 동부에 있는 에티오피아보다도 못살던 나라였다. 선진국 대열에 낄 수 있었던 것은 오직 인적 자원인 교육의 힘이었다. 자신들이 못 배운 한을 자식에게 대물림하지 않겠다는 부모들의 헌신과 노력이 있었기에 가능했다. 그렇게 탄생한 이들이 한국 경제의 허리를 든든히 받쳐왔다.

그간 선진국들의 선진 시스템을 모방하고 이에 더하여 기나긴 노동과 검약을 통해 각종 업적을 만들어냈다. 이제는 모방을 떠나 창조를 꾀해야만 경쟁력을 가질 수 있는 시대가 왔다. 한강의 기적을 낳은 우리나라는 추격형 산업을 일궈 냈다. 추격형에는 실수가 따를 수 없다. 앞서간 나라를 그대로 벤치마킹하기만 하면 되었기 때문이다. 그와 달리 탈추격형 벤처기업인 스타트업은 모험과 창의로 위험을 무릅쓰고 도전해야 한다. 탈추격형에는 늘 실수와 실패가 뒤따른다. 우리 젊은이들이 성취할 수 있는 기회를 주고 수많은 실패 속에서 성과를 내도록 기다려 주어야 한다.

이제 노동은 하루 3시간이면 족하다

원시 부족들은 3시간 사냥으로 먹잇감을 얻었다. 그 나머지 시간은 자유롭게 보내거나 생산, 종교 활동 등으로 보냈다. 산업사회가 되면서부터는 노동의 의미가 커졌다. '일하지 않은 자 먹지도 말라'는 말이 있듯 일은 사람의 숙명처럼 되었다. 언젠가부터 놀이가 삶을 나태하게 하는 요소로 여겨지기 시작했다.

하지만 인간은 천성적으로 놀이 중심의 DNA를 갖고 태어났다. 모든 인류의 역사와 함께한 춤과 노래가 그것을 대변한다. 어린아이들은 누가 가르치지 않아도 음악에 맞춰 몸을 흔들고 새소리와 시냇물 소리에 흥겨워한다. 놀이는 인간 삶의 근본이다.

앞으로 지루하게 반복되는 단순 노동은 기계가 대신하고 줄어든 노동 시간만큼 여가에 대한 관심이 높아지게 될 것이다. 즐기고 놀되 창의적인 일을 만들어내야 할 과제가 따른다. 놀이는 창의의 근간이다. 공부만이 성공과 부의 척도가 아님을 명심하자. 놀이를 통한 창의를 기반으로 살아갈 세상이 우리 아이들에게 도래했다. 어떻게 놀 것인가.

그간의 연구를 통해서 나는 자녀 교육과 관련된 핵심 역량 키워드들을 9개로 추려냈다. 이 키워드는 주로 자녀들이 가진 각종 '욕구'와 관련된 것인데, 부모는 자녀들의 이러한 욕구를 적절히 해소해주고 발전적인 방향으로 나아가도록 인도해야 한다.

우리는 행복하기 위해 이 세상에 태어났다

행복은 어디서 오는가? 『몰입의 즐거움』을 쓴 저자 칙센트 미하이 교수가 말하길 "어떤 일의 몰두에서 행복이 온다."고 했다. 아이가 좋아하는 일을 할 때 몰입하게 되고 거기서 오는 행복감이야말로 최상의 기쁨이 된다. 이제 부모부터 변화의 물결에 과감히 합류해야 한다. 부모가 변해야 자녀도 변하기 때문이다.

변화의 발목을 잡는 건 무엇일까? 바로 옆집 엄마일 수도 있다. 옆집 엄마는 또 다른 옆집 엄마를 양산한다. 릴레이식으로 옆집 엄마에게 끌리는 이유는 뭘까? 불안과 두려움 때문이다. 어디에서나 아웃사이더가 된다는 건 매우 힘든 일이다. 하지만 남과 다른 아이로 키우려면 다른 길을 가야만 한다. 남이 가지 않은 곳에 미래 사회의 보물이 숨겨져 있기 때문이다. 그곳에서 내 아이의 보물을 캐내야만 한다.

아이를 세계 최고로 키우려면 가장 훌륭히 키운 부모의 본을 따라야 한다. 그들을 롤모델 삼아 내 아이도 그에 버금가는 아이로 길러낼 때 바로 경쟁력이 생긴다. 이는 곧 나라를 살리는 길이기도 하다. 부모의 역할이 얼마나 대단한지를 새삼 느낄 필요가 있다.

바꿀 대상은 아이가 아니라 부모다

"살아남은 것은 가장 강한 종도, 가장 똑똑한 종도 아니고 변화에 가장 잘 적응하는 종이다. 『종의 기원』을 쓴 찰스 다윈의 말이다. 살아남기 위해서는 변화에 얼마나 적극적인가이다. 우리 아이들에게 여태 산 날보다 앞으로 살아갈 날이 중요하지 않을까.

변화할 가장 중요한 대상은 아이가 아니라 부모다. 미래를 살 아이를 기르는 부모가 변화하지 않으면 그저 머무르거나 도태다. 하루하루 변화하는 사람과 변화에 무관심한 사람과의 결과는 극과 극일 것이다.

빌 게이츠도 같은 맥락의 말을 한다. "나는 힘이 센 강자도 아니고 두뇌가 뛰어난 천재도 아니다. 날마다 새롭게 변했을 뿐이다. 이것이 나의 비결이다." 혹 어른들의 잘못 굳어진 습관이나 편견, 근시안적 식견으로 아이를 양육한다면 시대가 요구하는 성숙한 자녀로 길러낼 수 있을까. 아직 아이는 그릇에 담기는 물과 같이 모양을 달리 할 수 있다.

그간의 연구를 통해서 나는 자녀 교육과 관련된 핵심 역량 키워드를 추려냈다. 이 키워드는 주로 자녀들이 가진 각종 '욕구'와 관련된 것인데, 부모는 자녀들의 이러한 욕구를 적절히 해소해주고 발전적인 방향으로 나아가도록 인도해줘야 한다. 그럼으로써 현명한 부모, 행복한 아이로 동반 성장할 것이다.

그러려면 부모부터 변화해야 한다. 기존 방식 대로가 아닌 변화의 물결에 동참하며 먼 시각으로 세상을 보는 현명함이 발현되어야 한다. 현명한 부모는 할 일, 안 할 일을 구분할 수 있는 사람이다. 부모부터 과거에 얽매이지 말고 새로움을 창출하는 지렛대 역할을 과감히 해야 한다.

이 책의 구성은 이렇다

'새 술은 새 부대에'라는 말이 있듯 디지털 시대에 맞는 교육이 필요하다. 과거의 산업 사회가 목표하던 정형화, 획일화 모형이 지금껏 이어져 오고 있다. 그대신 아이의 창의성을 살리는 '자기주도적 맞춤 교육'으로의 변화가 시급하다. '자기주도적 맞춤 교육'은 선택된 몇 명만이 아닌 모두를 위한 교육 혁명이 되어야 한다.

그동안 교육과 관련된 다양한 학문을 체득하면서 얻은 9가지 핵심 역량 키워드를 고안해 냈다. 이를 기반해 부모가 어떻게 혁신해야 하는지를 피력할 예정이다. 이것이 이 책의 주된 요지다. 부모가 진정으로 아이의 성공적 삶을 돕고자 한다면 9가지 핵심 능력을 개발해 주어야 한다. 그것은 다음과 같다.

1. 호기심(curiosity)은 새롭고 신기한 것을 좋아하거나 모르는 것을 알고 싶어 하는 능력이다.

2. 창의성(creativity)은 독창적이고 유용한 것을 만들어 내는 능력이다.

3. 비판적 사고(critical thinking)는 합리적이고 논리적으로 분석·평가·분류하는 사고 능력이다.

4. 열정(passion)은 어떤 일에 열렬한 애정을 가지고 열중하는 능력이다.

5. 팀워크(teamwork)는 팀이 협동하여 행하는 동작, 그들 상호 간의 연대 능력이다.

6. 평생학습력(lifelong learning ability)은 태어나서 죽을 때까지 지식을 배우고 익히는 능력이다.

7. 겸손(modesty)은 남을 존중하고 자기를 내세우지 않는 능력이다.

8. 디지털 소양(digital literacy)은 디지털 시대에 필수적으로 요구되는 정보 이해 및 표현 능력이다.

9. 시민성(citizenship)은 사회에 건설적으로 참여하며 사회를 지탱

시키는 과정에 동참하는 능력이다.

우리가 운전할 때 내비게이션을 켜고 목표 지점을 향한다. 자신이 가고자 하는 곳을 제대로 입력해야 원하는 곳을 갈 수 있다. 아이를 기르는 데도 방향성이 중요하다. 위에 제시한 핵심 능력 9가지는 미래 인재상의 내비게이션이 될 것이다. 길 안내를 잘 따르며 '현명한 부모, 행복한 아이'라는 안전지대로 잘 안착하길 바란다.

2022년 봄
저자 김영희

| 차례 |

9장 시민성 citizenship

1장

호기심

curiosity

"나는 천재가 아니다. 다만 호기심이 많을 뿐이다"

-아인슈타인

01

—

아이들은 넘어져 봐야
일어설 수 있다

이미 성인이 된 큰 아들 승우의 유치원 때 일이다. 어느날 자못 심각한 얼굴로 자신의 포부를 밝혔다.

"엄마, 난 나중에 크면 안 죽는 약을 만들래."

"그래. 그런 생각을 하게 된 이유가 있니?"

"동화책에 나오는 악당이 죽었거든. 내가 죽지 않는 약을 만들면 엄마, 아빠도 오래오래 살 수 있잖아."

당시 아이는 죽음에 대해 잘 모르지만 엄마, 아빠가 동화에 나오는 악당처럼 어느 날 사라져 버릴까 봐 두려웠던 것이다. 기특한 생각을 했다며 얘기를 마저 들어주고 토닥여주었다.

자신이 어떠한 얘기를 하더라도 부모가 성심성의껏 들어준다는 것을 알자 그 이후에도 승우는 종종 자신의 생각을 자연스럽게 털어놓았다. 자라나는 아이들의 상상력은 끝이 없다. 어른이 보기에 허무맹랑한 일이라도 칭찬과 격려로 아이의 상상력과 호기심을 키워 줄 수 있으며, 나아가 소통의 벽도 허물 수 있다.

월트 디즈니의 어머니는 단 한 번도 아들의 상상력과 진취적인 호기심에 상처를 주지 않았다고 한다. 호기심이 있는 사람은 주변의 현상에 대해 '왜 그럴까?', '무슨 일일까?'라는 질문을 의식적으로 제기하고 그 질문에 답을 찾으려 노력한다. 안타깝게도 초등학교, 중고등학교, 대학교라는 정형화된 틀에 갇히는 순간부터 아이들의 상상력과 호기심은 곤두박질친다.

미래 교육은 어떠해야 할지를 과감하게 상상한 인도의 수가타 미트라 박사는 이렇게 말한다.

"아이들에게 스스로 학습 환경을 만들 수 있는 여건을 제공한다면 누구나 스스로 배울 수 있습니다." 그의 연구의 시작은 문명과 멀리 떨어진 시골 마을 아이들에게 컴퓨터를 선물해 주면 어떨까? 라는 생각에서 출발했다. 그는 1999년 인도 뉴델리 소외 지역에 "Hole in the wall(벽 속의 구멍)" 이름의 컴퓨터를 설치하고 방치한 채 아이들이 컴퓨터를 어떻게 스스로 터득하는지를 관찰했다.

몇 개월 뒤 결과는 실로 놀라웠다. 컴퓨터가 뭔지도 모르던 오지의 아이들이 서로 의논하여 컴퓨터 게임을 즐기는 단계까지 이르렀다. 아이들이 이런저런 실패를 거듭하며 결국 스스로 학습을 통해 얻어낸 결과다.

그와 흡사한 경우로 승우를 예로 들어보겠다. 아이는 스스로 학습을 통해 서울대학교에 갔고 직장도 얻었다. 승우는 어려서부터 그리는 걸 무척 좋아했다. 6개월 되어 앉기 시작할 무렵부터 내 나름의 〈3통〉을 실천했다. 3통이란 "통이미지, 통언어, 통큰 육아"를 말한다. 두꺼운 재질의 유아 그림책 대신 얇은 종이에 사물 전체 모습이 담긴 그림들을 '통이미지'로 보여 주곤 했다. 초등학교 1학년 도덕 교과서 종류였다. 종이가 얇으니 고사리손으로 곧잘 넘기곤 했다. 두꺼운 재질의 유아 그림책들은 아이가 쉽게 넘겨가며 보기 어려운 구조였다. 반복된 소근육 운동이 뇌와 직결된다는 사실은 익히 아는 바다.

영유아기 때 뇌의 70~80%가 완성된다. 아이는 책을 장난감 삼아 오감 놀이를 충분히 했다. 오감이란 시각, 청각, 후각, 미각, 촉각의 감각을 말한다. 물고, 빨고, 냄새 맡고, 촉감을 느끼며 찢기에 바빴다. 하등에 문제될 게 없었다. 그 대상이 책이건, 각종 장난감이든 중요하지 않다. 다만 아이의 다양한 신체 반응에 따라 변화되는 고무 재질이나, 얇고 쉽게 형태가 변형될 수 있는 물이나 밀가루 등의 놀잇감이면 더 좋다. 먹는 걸로 장난치는 것은 안 된다라는 개념은 아이에게 만큼은 예외로 두도록 하자.

딱딱한 고체로 되어 있어 아이의 신체 반응에 전혀 반응하지 못한다면 적절한 피드백을 주는 놀이 기구가 아니다. 오감 놀이는 표현력과 창의력을 높이는 기반이 될 수 있다.

"아이들은 누가 가르쳐주지 않아도 생후 20개월 무렵이 되면 점, 선으로 된 낙서를 하기 시작한다." 미국 유아미술학자인 로다 겔로그 박사의 말이다. 승우를 보며 알게 된 사실이다. 대부분 부모들은 매일매일 일정량의 지식을 자녀에게 가르쳐야만 하는 걸로 착각한다. 매체 마케팅의 영향이지 싶다.

스스로 배워 앎을 증폭시키기까지 많은 인내와 숙련이 필요하다. 기다려줘야 한다. 학습과 지도에 대한 강박에서 부모 스스로 일정한 거리를 두어야 한다. 자녀에게 충분한 오감 체험의 기회를 주고, 자녀가 자신에게 다가와 말을 걸면 성의를 다해 반응해 주는 것만으로도 절반 이상의 성과이다. 이를 위해 부모의 적극적인 지지와 아이를 향한 믿음이 전제되어야 한다.

"만약 우리가 어린이들의 마음속에서 사물에 대한 참되고 확실한 지식이 자라게 되길 원한다면 실제적인 관찰과 감각적인 지각에 의하여 모든 사물들을 배울 수 있도록 그들에게 특별한 관심을 기울여야 한다."고 17세기 최대의 교육자이며 사상가인 코메니유스가 말했다.

사교육 대신 산과 들, 자연, 책, 사람을 벗 삼아 많은 걸 보고 느끼게 했다. 이는 곧 '통큰 육아'라고 명명할 수 있다. 승우는 아기 때부터 주로 퍼즐과 조립, 그림 그리기와 책보기, 놀이가 일상이었다. 레고 블럭 등이 쌀자루 몇 개는 되었고, 하루에 한 권 정도씩 스케치북에 빼곡히 그림을 그렸다. 그런 재미에 푹 빠진 아이는 다른 뭔가에 투정 부릴 시간조차 없었다.

덕분에 모자 관계는 순탄했고 아이와의 모든 대화에 마음을 열고 끝까지 들어주니 어린 나이지만 서로 말이 통한다고 느꼈다. 이 시기의 아이들은 대개 조리있게 말하거나, 심각한 주제의 이야기를 잘하지는 못한다. 하지만 그 아이에게는 대단히 중요한 이야기다. 이를 간과하지 말고 아이가 하고 싶은 말을 모두 쏟아낼 때까지 인내심을 갖고 들어주는 연습이 필요하다.

부모들은 자신 또래의 친구들이 고민 상담을 하면 성의있게 들어주고 공감하지만, 자신의 자녀에게는 그렇지 못한 경우가 많다. 아이가 말을 걸 때는 그 고민이나 대화 주제에 대해 진심으로 공감해 주어야 한다. 그 아이 나름은 정말 심각하고 진지하게 상담하는 것이다. 어른들이 느끼기에 웃음이 나는 주제이거나 허무맹랑한 내용이어도 마찬가지다. 자신의 동갑내기 친구들과 대화하듯이 성의를 갖고 대하라. 아이들은 부모가 자신에게 얼마나 주목하고 있는지 귀신같이 눈치채곤 한다.

아이들은 맘마, 때찌 등등의 유아어 대신 일상 언어, 즉 어려운 단어도 천여 번 들으면 어린아이라도 그 의미를 어느 정도 파악한다고 한다. 자기가 좋아하는 동화책은 한글도 모르던 시기임에도 듣고 또 들어 조사까지 몽땅 외우곤 했으며 거기에 나오는 고급 단어들도 암암리에 알고 이해했다. 이것이 바로 '통언어'에 속한다. 몰입의 즐거움이 가져다준 결과였다.

대개의 부모는 아이에게 사사건건 간섭하는 경향이 있다. "밥 먹을 시간이다, 학원 버스 올 때다, 그렇게 하면 안 돼, 미술 학원 가야지, 영어 선생님 오시네" 주로 사교육 등이 아이의 시간을 빼앗는 주 원인이 된다. 스스로 배울 기회를 박탈하는 처사다. 그로 인해 아이의 소중한 몰입을 반토막 내는 일이 허다하다.

아이가 주체적으로 시도할 수 있는 재밌는 놀이마저 방해받고 있다. 내가 강연을 다니며 부모들에게 가장 강조하는 것 중 하나가 이 대목이다. 아이에게 시간을 돌려주시라. 멍때리는 시간을 허락하라. 그때 아이의 창의와 아이디어가 마구 쏟아져 나오리라. 바로 '통큰 육아'의 사례들이다. '통큰 육아'로 자율성을 길러준다면 나중에 훨씬 더 강력한 힘을 발휘할 수 있다.

손흥민 선수가 아버지의 트레이닝 덕으로 훌륭한 축구 선수가 될 수 있었듯 가이드와 신념과 목표가 분명해 호흡이 맞으면 아이 스스로 배움은 얼마든 일어난다. 아이를 관찰하는 힘과 고른 통찰, 칭찬과 격려가 아이를 앞으로 나아가게 한다. 때론 당근과 채찍도 필요하지만 아이와 수많은 소통을 통해 별 갈등 없이 추진해 나갈 수 있다.

아이를 키우며 때리거나 꾸짖은 적이 거의 없었다. 좀 더 풀어쓰자면 내 생각과 다르다고 해서 억지로 교정하려고 하지 않았다. 나쁜 방향으로 가지 않는 선에서 아이의 생각을 최대한 존중했다. 나이와 상관없이 아이를 하나의 인격체로 여겨야 가능한 일이다.

아이를 내 소유물로 생각할 때 욕심내고 화내며 부모의 잣대로 휘두르기 쉽다. 혹 꼭 바로잡을 일이 있을 땐 따끔하게 말하고 아이의 의견을 물어 공감하며 다음에 또 그런 잘못이 일어나지 않도록 인지시킴이 중요하다. 원칙과 예의 바름은 부모 자식 간에도 통용된다. 가정은 작은 사회이기 때문이다.

인간은 누구나 배움에 대한 자발적인 욕구가 있다. "실제로 도움이 필요한 경우에만 어린이를 도와주어라" 루소가 어린이 준칙에서 한 말이다. 어려운 환경일수록 배움의 의지력은 더욱 샘솟는다. 세상은 그렇게 진화 발전해 왔다. 우리 아이들도 배울 환경만 자연스럽게 조성된다면 스스로 배움의 꽃을 활짝 피울 것이다. 아이들이 걸음마를 배울 때 수없이 넘어져야 봐야 비로소 걸을 수 있다.

02

—

게임 좋아하는
아이

코로나 발생 전인 2019년 장마로 꽤 무덥던 날이었다. 중학교 1학년 남학생의 엄마가 상담차 나를 찾아왔다. 초등학교 때까지 공부 잘하던 아이가 갑자기 공부를 하지 않고 자나 깨나 게임에만 빠져 산다고 속상해했다. 게다가 아이가 공부 스트레스로 원형탈모증까지 생긴 지 1년쯤 됐다며 그 어머니는 근심 가득한 얼굴이었다. 안색도 그다지 좋지 않았다.

"착실한 재영이가 오늘 결석했는데 무슨 일 있는지요?"

"어, 그래요? 아침에 애가 등교하는 걸 보고 출근했는데요."

며칠 전에 담임 선생님으로부터 받은 전화 내용이다. 뭔 일인가 싶어 아이를 수소문했더니 동네 PC방에 가 있었다. 근래에 PC방 출입이 잦은 거 같아 용돈도 끊었는데 이상했다. 곰곰이 생각하며 아이 책상을 뒤지다 말고, 화장대 서랍에 둔 백화점 상품권이 없어진 걸 알았다. 그것을 몰래 가져가 게임 비용으로 충당했던 거다. 왜 학교에 가지 않았는지 물으니 학교에 가기 싫다며 자퇴하고 싶다고 했단다.

중학교 1학년이면 대개 사춘기다. '중2병'이라는 말은 이제 우리에게 매우 익숙해졌다. 질풍노도, 천방지축의 대명사인 이 시기의 아이들은 호기심과 혼돈속에서 자란다. 그것 또한 성장통 중 하나다. 긴 인생에서 잠깐의 방황과 공백은 충분히 일어날 수 있다. 다른 아이들은 공부에 몰두하는데 내 아이만 헛된 시간을 보내는 거 같아 부모는 애가 탄다.

이는 아이의 입장을 무시한 처사다. 아직 성장기에다 미완성 단계다. 내 아이가 이상한 게 아니라, 주변 환경에 조금 더 자신의 감정을 민감하게 투영하고 있을 뿐이다. 사람의 특성은 천차만별이고 사춘기 시절에 이러한 요소들은 더욱 두드러진다. 비관적으로만 보는 부모의 관점도 문제일 수 있다.

부모는 아이가 말 잘듣는 모범생이길 바란다. 모범생을 이루는 요소들 외에 다른 요소들은 다 불필요한 것이라 배척하며 아이에게서 떼어놓으려고 안간힘을 쓴다. 큰 그림을 보도록 노력하자.

앞서 부모님이 나에게 상담한 게임이라는 요소를 예로 들면, 게임이 과연 아이의 공부와 학습에 부정적인 요소로 백해무익한 것일까? 그렇게 생각하지 않는다. 게임은 다양한 요소들로 구성되어 있다. 이러한 내용들이 아이의 학습 증진과 크게 연결될 수 있다고 본다. 이번에도 승우의 이야기를 좀 해보겠다.

앞서 다른 부모님의 예시를 들었지만, 큰 아들 승우로 따지면 이 사례는 비교도 안될 정도로 컴퓨터 게임을 즐기는 아이였다. 본격적으로 게임에 빠지기 시작한 중학교 2학년 시점에 1학년 때와 비교해도 성적이 많이 떨어졌다. 당시의 심정을 말해 무엇하리. 하루 하루가 조마조마했다. 이 중요한 시절에 공부에 매진해도 될까 말까 한데라는 생각이 온통 머릿속을 지배했다.

집 안에서 게임기를 발견하는 즉시 버리기도 하고, 게임을 하지 말라고 방학 때 기숙학원도 보내는 등 온갖 방법을 동원해서 게임 하는 것을 막아보려 했다. 즉, 당시의 나는 아이가 게임을 즐기는 습관이 공부에 1도 도움이 되지 않는다고 확신하고 있었다. 많은 부모들이 하는 생각들과 완전히 동일했다. 그런 내 생각이 크게 바뀌게 된 것은 성인이 된 후 승우와의 대화를 통해서였다. 아이가 했던 얘기를 승우 시점으로 아래에 간략하게 옮겨본다.

중학교 2학년 당시, 엄마가 죽자사자 게임하는 것을 막아도 게임할 방법을 어떻게든 찾아서 했다. 실제로 게임하느라 성적이 떨어졌고 스스로 걱정도 됐지만 게임할 때는 마냥 재밌으니 그냥 빠졌다. 그러던 중 문득 게임의 시나리오를 스스로 써보고 싶다는 생각이 들었다. 남이 만들어 놓은 게임을 수동적으로 즐기는 것이 아닌, 자신이 주체적으로 게임의 시나리오를 만들고 거기에 게임 요소를 넣어보고 싶다는 생각에 이르게 된 것이다. 컴퓨터 게임은 프로그래밍을 할 줄 알아야 하니 당시 중학생에게는 무리였고 공책에 시나리오를 쓰는 방식을 택했다. 그리고 시나리오를 읽으면서 진행하다 보면 선택지에 따라 적을 공격할지, 피해서 갈지 정할 수 있는 방식으로 구성했다. 즉, 적을 만났다. 공격한다면 9페이지로, 피해서 간다면 12페이지로 가

시오, 등의 형식이었다. 나는 이걸 '게임북'이라고 불렀다.

학교에서 매일같이 이런 게임북을 쓰고 있으니 관심을 가지는 학교 친구들이 한두 명 생겨났고, 어느새 학급의 절반 이상이 내가 만든 게임북에 가담하게 되었다. 쉬는 시간마다 아이들은 내 게임북을 가져가서 본 다음 나에게 반납하곤 했다. 따라서 최대한 빠르게 글을 쓰는 능력이 필요했다. 순식간에 몇 페이지의 시나리오를 써서 친구들에게 넘기고, 다 읽은 친구들이 이를 반납하면 그 이후의 이야기를 써서 다시 넘기는 일이 반복됐다. 그렇게 2년 넘게 반복했다. 그러면서 전혀 의도하지 않았지만 글을 구성하는 작문 능력이 엄청나게 상승했으며, 다양한 단어의 조합과 구성을 활용하는 데 어려움이 없게 되었다. 펜으로 글을 썼기 때문에 지우개로 지울 수도 없어 머릿속에 문장 전체를 구성하고 한 번에 막힘없이 써 내려가야 했다.

실제로 나의 언어 관련 능력은 이 시기에 가장 크게 늘었다. 공부를 통해서가 아니었다. 게임북에 들어갈 시나리오를 빠르게 써서 넘기는 그 무한대의 작업들이 내 작문 능력을 키웠고 이는 자연스럽게 독해 능력과 구문 이해력으로 이어졌다. 현재도 나는 장문의 글을 빠르게 쓰는 데 있어 전혀 어려움을 느끼지 않는다. 언어와 관련된 내 능력의 절반 이상은 이때 다 만들어졌다고 확신한다.

머리를 한 대 얻어맞은 느낌이었다. 승우는 고3 당시 수능에서 유독 언어 영역의 성적이 높았다. 어릴 때 〈3통〉을 실천한 것 중 하나였던 "통언어"의 사례인 셈이었다. 당시 수능에서 언어 영역이 특히 높은 난이도의 불수능이라고 불렸던 시기였다. 나 역시 그러한 뉴스를 접하고 기대를 접었는데, 1등급은 물론이고 1등급 안에서도 고득점에 속하는 성적이었다. 덕분에 승우는 디자인학부 차석으로 대학에 어려움 없이 합격할 수 있었다.

앞서 말했듯이 게임을 접하는 일련의 행위들이 아이의 교육에 하등 도움이 되지 않는다고 굳게 믿던 사람 중 한 명이었다. 그런 내 고정관념이 깨지는 순간이었다. 물론 게임에 빠진 아이를 둔 다른 학부모들에게 '아이가 게임 시나리오를 쓰게 해보세요'라고 권할 수만은 없을 것이다.

중요한 것은 게임도 아이에게 수많은 영향을 끼치는 사회 요소들 중 하나이며, 이것이 최대한 긍정적인 방향으로 나아갈 수 있도록 부모가 할 수 있는 역할이 있다는 것이다. 물론 부정적인 영향도 클 수 있겠으나, 이를 긍정적인 방향으로 유도하는 것이 부모의 역할이다.

'프로그래밍을 위한 코딩을 배워볼래'라고 할 수도 있을 것이고, '어떻게 하면 이 게임이 더 재밌게 바뀔까' 하면서 제안서를 써보게 하는 방식도 있을 것이다. 방법은 무궁무진하다. 자신의 흥미와 관련된 것이니 아이는 거부감이 적을 것이다. 그러다 보면 교육과 학습에 필요한 요소들이 자동적으로 길러질 수 있다. 나는 승우가 스스로 찾아내 실천한 학습법으로 인해 부모로서 관여할 부분이 적었지만, 부모가 이러한 부분들을 알고 있다면 적극적으로 힘을 실어줄 수 있다.

『에밀』을 통해 어린이 교육과 자연 교육의 중요성을 강조했던 루소도 공부를 재밌게 개발하지 못하는 것은 어른들의 책임이라고 말했다. 뼛속부터 디지털화된 요즘 아이들을 위해 학습 방법부터 달라져야 한다. 각자의 소질에 맞는 것을 지향하도록 각 분야 최고에게 기술과 안목을 배우게 하면 어떨까? 그리하여 만들어진 게임만 하지 말고 교육에 도움이 되는 방향으로 본인이 직접 게임을 만들 기회를 마련하는 것이다. 또한 부모도 옆집 아이가 하는 공부마다 다 따라 하게 강요하기보다 아이의 취미와 적성을 살리는 쪽으로 시간을 할애한다면 모두에게 얼마나 행복한 일일까.

앞으로는 누가 지식을 많이 아는가라기보다 열린 지식을 어떻게 조합해 내는가가 더 중요하다. 컴퓨터 게임을 잘한다는 것은 그런 기술의 접근성이 훨씬 더 높음을 시사한다. 중요한 점은 미래의 직업군은 컴퓨터 관련 일이 대부분이기 때문이다. 아이가 게임에 빠지는 것을 걱정스레 꾸중할 게 아니라 좀 더 아이와 이런저런 이야기를 나누고 진정으로 하고 싶은 게 무엇인지 찾아 전문화하는 과정이 더 필요하다.

게다가 하찮은 일이라도 아이를 많이 격려해 주자. '내가 비록 잘하지는 못해도 부모한테 사랑받는다'는 믿음만 있다면 언젠가는 바뀔 수 있다. 아이들은 어디서 어느 쪽으로 싹을 틔울지 아무도 모른다. 지금 현재가 그 아이의 결과물이 아니잖은가.

단지 하라는 공부를 소홀히 한다는 차이뿐이지 그 아이가 잘못하는 것은 아니다. 죄의식을 갖게 할 필요가 없다. 아이가 남에게 피해를 주거나 남과 싸운다든지, 남의 물건을 훔쳐 교도소에 가는 것 아닌 다음에야 아이의 잘못은 없다. 호기심 많은 아이들은 백 번도 넘게 다양하게 변하면서 자신의 자리를 찾아간다.

게임 때문에 엄마들의 걱정이 적잖다. 지인의 아들도 초등학교 고학년 때부터 게임에 쏙 빠졌다. 학원 간다며 PC방 가기 일쑤라 아이 엄마가 너무 화가 나 아이와 소리 지르며 싸우고 난리법석이었다. 객관적으로 보는 내 입장에서는 안타까워 그 애 엄마한테 얘기 하곤 했다.

"공부가 다가 아니니 애한테만 목매달지 말고 차라리 엄마 발전을 위해서 그 시간을 쓰세요."

"저도 그러고 싶은데 걔만 보면 속 터져 다른 생각을 전혀 할 수 없다니까요."

나는 그 엄마와 통화를 자주해 아이의 근황을 체크했다. 엄마에게는 특별한 해결책을 제시했다. 아이에게 절대로 화내지 말고 구박하지 않기, 아무거나 하루에 하나씩 칭찬해 주기, 예를 들면 '아침에 깨우지 않아도 스스로 일어나 밥도 먹으니 엄마가 얼마나 기쁜지 몰라, 엄마는 너를 진심으로 사랑해, 우리 아들은 책도 잘 보고 멋져, 꼭 성공할 거야!'를 엄마 침대 머리 맡에 써붙이고 매일 실천하기로 나와 약속했다.

변화는 하루아침에 이뤄지는 게 아니다. 아이와는 진솔하게 대화해 게임 시간을 지키고 조금씩 변화해 보자고 해보시라. 많은 변화를 바라지 말고 오늘 딱 1분 만이라도 작은 변화를 시도해 보면 부담 없을 것이다. 조금씩 조금씩 나아가자고 북돋웠다. 가장 중요한 것은 엄마가 너그러운 마음으로 아이를 배려하고 기다리자는 내용이었다. 엄마의 태도가 달라지니 아이도 차츰 변하기 시작했다. 재작년 고2 말경에는 그 애가 내게 카톡까지 보내와 감격했다.

"제가 읽은 만한 책 좀 선택해 주실 수 있으세요?"

그 애의 마음이 달라지는 조짐 하나만으로도 그저 흡족했다. 그랬던 그 아이가 작년에 수도권 소재 3년제 대학의 컴퓨터 정보학과에 입학하더니만 크게 달라졌다. 전액 성적 장학금을 받을 정도로 학과 공부에 몰두해 친구와 함께 게임 관련 앱을 개발했다. 그 애 엄마가 기뻐서 어쩔 줄 몰라 했다.

아이도 변하고 세상의 가치도 변한다. 과거의 성공 개념으로 아이를 재단하지 말아야 함이다. 공부만 잘해 성공하는 시대는 지났다. 이 세상에는 두 부류가 있다. 공부가 취미인 아이가 있는 반면 게임 등 다른 취미를 가진 아이의 분류 정도라고 생각하면 어떨까. 너그럽게 아이를 바라보는 눈을 길러보자. 현명한 부모 밑에서 아이가 잘 자랄 것이다.

03

—

3세 이전 교육이 대학 교육보다 중하다

여의도 국회 포럼에 참여한 때는 2018년 초여름이었다. 관심 있던 교육 분야로 주제는 'STEAM 교육의 변화 과학 교육의 프레임을 개혁하자'였다. STEAM 교육은 과학 기술에 대한 학생들의 흥미와 이해를 높이고 과학 기술 기반의 융합적 사고력과 실생활 문제해결력을 함양하기 위한 교육이다.

STEAM은 과학(Science), 기술(Technology), 공학(Engineering), 인문·예술(Arts), 수학(Mathematics)의 머리글자를 합하여 만든 용어다. 한양대 최정훈 교수의 기조 강연과 여러 패널들의 좌담으로 이어졌다.

강연을 듣던 중 평소 가졌던 의문이 떠올랐다. 마침 질의 시간이 있었다. 〈3세 이전의 놀이식 흥미 교육이 대학 교육보다 더 중요하지 않은가〉라는 내용으로 교육부 관련 패널에게 다음과 같이 제안했다.

"오늘 주제인 공학도로 잘 키우기 위해서는 3세 이전의 풀뿌리

교육부터 제대로 다져져야 한다고 생각합니다. 안타깝게도 우리나라는 2012년 무상 교육인 누리 과정 이후 더욱 양계장, 가두리 양식장처럼 되고 있다고 부산대 명예교수인 임재택 유아교육 교수도 한탄했습니다. 국가 통제 방식인 주입식, 획일적 교육으로 국화빵, 붕어빵만을 양산해 내는 제빵 학교화되고 있지요. 과연 우리 교육이 지금 미래를 향한 주춧돌 쌓기를 제대로 하고 있는지요? 개선할 대안이 있다면 말씀해 주세요."

자율적 학습을 통해 아이들이 스스로 선택하는 자율 습관을 갖지 못함과 다양한 교육 채널을 갖지 못함이 아쉽다. 게다가 세상은 시시각각 변하는데 우리의 교육 현장은 여전히 변화에 둔감하다. 급변하는 시대에 지금도 과거와 별 다를 바 없는 정답 찾기에만 몰두하고 있음은 우려스러운 일이다.

구글 창시자 세르게이 브린과 래리 페이지가 2005년 12월 ABC 방송의 바바라 월터스의 특집 쇼에서 이렇게 말했다.

"우리의 성공에는 어릴 때 받았던 '몬테소리 교육'이 큰 밑거름이 되었어요."

세계 최대 인터넷 서점이자 종합쇼핑몰 아마존 창업자인 제프 베조스도 몬테소리 교육을 받았다. 제프 베조스의 어머니가 '제프는 종종 몬테소리 교구에 너무 몰입해서 항상 다른 것으로 주의를 환기시켜야만 했어요.'라고 이야기할 정도였다. 그도 몬테소리 교육을 통해 고도의 집중력을 기를 수 있었으며 아마존닷컴이라는 세계 최대의 인터넷 서점을 만들게 되었다.

또한 새로운 개념의 백과사전인 위키피디아의 창시자인 지미 웨일스도 그의 어머니와 할머니로부터 몬테소리 교육을 받았다. 그는 스스로 원하는 과제를 선택할 수 있는 자유가 있었기에 창의력을 키울 수 있었다고 말했다.

몬테소리 교육법이란 어떤 질문이든 자유롭게 던지고 무엇이든 만들어 볼 수 있는 허용적인 분위기에서 자신의 호기심에 충실한 아이로 키우는 교육법을 말한다. 또한 답을 찾으려고 애쓰지 않고 단 하나의 옳은 답을 찾는 것으로 아이를 평가하지 않는 교육 방식이다.

훌륭한 사람들이 이러한 몬테소리 교육으로 위대한 업적을 남길 수 있었던 이유는 무엇일까. 몬테소리 교육의 핵인 자유 선택을 통해 집중하며 일을 성공리에 마무리할 수 있었기 때문이다. 이에 성취감과 자신감도 생겨나 다시 도전하고 창의력을 발휘하는 능력의 소유자가 되었다. 그들은 한결같이 자신의 공감 능력과 창조적 상상력은 '몬테소리 교육'에서 비롯되었다고 밝혔다.

왜 우리 교육은 천편일률적일까? 어릴 때 놀이식 교육으로 스스로 개발해 내는 능력, 즉 평생 유치원생처럼 흥미롭게 살 준비가 갖춰져야 교육도 효과를 볼 수 있을 것이다. 미첼 레스닉 MIT 미디어랩 석좌교수의 "창의성 키우려면 학교·직장도 유치원처럼 돼야"에서 보듯 뿌리교육의 중요성을 다시 한번 실감할 수 있다.

큰 건축물을 쌓으려면 기초 공사부터 넓고 깊게 파야 한다는 이유 중 하나로 최근 미국 뉴욕에 성인 유치원이 성행한다. 만 21세 이상 성인이 입학 요건인 '프리스쿨 매스터마인드(Preschool

Mastermind)'는 매주 화요일 저녁 일상에 찌든 성인들이 유치원생으로 돌아가 놀이와 모험을 즐긴다.

왜 그럴까? 그 이유는 다양하다. 진지한 일상생활을 벗어나 주변을 환기하고, 창의성을 살려 기업가 정신을 고취하기 위한 시도이다. 따라서 초중고 및 대학이 왜 놀이 중심 유치원의 교육 방식을 따라야 하는지를 고려해야 한다.

진정한 공부란 재미가 넘쳐나야 한다. 자기가 좋아하는 것은 하지 말라고 말려도 몰래 한다. 부모인 우리도 공감하는 바다. 어렸을 때 부모님이 금지했던 다양한 일들을 몰래 할 때 더 짜릿하고 재미있기 마련이다. 불법적인 일이 아닌 이상 군이 막을 필요가 없다. 옥 죌수록 금지된 항목에 대한 갈증은 점점 커지기 마련이다.

자신이 자의로 선택한 분야에 대해서 탐구심과 호기심이 잘 섞이면 창의는 저절로 만들어지지 않을까. 우리 아이들에게도 위에 말한 성공한 사람들처럼 3세 이전의 자율과 혁신의 교육에 박차를 가해야 하는 이유다. '유치원 때 놀던 식으로 기업을 운영했더니 성공했다'는 말을 우리도 들을 수 있다면 더없이 좋겠다. 그런 성공은 3세 이전의 자율적인 교육이 모태가 될 것이다. 그 발단이 호기심 천국으로 이어져 평생을 좌우하지 않을까.

첫 단추를 꿰는 3세 이전 교육 내용이 어떤가에 따라 대학 교육의 성패도 나뉘리라. 다만 3세 이후의 부모의 대처도 중요함은 군이 말할 필요가 없을 것이다. 사실 어느 것 하나 중요하지 않은 것은 없다. 초등학교, 중학교, 고등학교로 이어지는 학창시절의 다양한 최초 경험들이 성인이 된 지금도 우리에게 강렬한 기억으로 남듯 성장기의 모든 경험들은 소중하다. 3세 이후의 교육 방법에 대해서도 이 책 전반에 걸쳐 다룰 예정이다.

04
—
꿈의 크기와
코이의 법칙

관상어 코이 이야기가 있다. 일명 '코이(こい)의 법칙'이라고 한다. 일본 엔도 슈사쿠의 수상록 『회상』에 등장했던 코이는 관상어의 일종이다. 코이는 사는 공간에 따라 다른 크기로 자란다. 작은 어항에서는 단지 5~8cm밖에 자라지 않지만, 좀 더 큰 연못에서는 15~25cm까지 자라며, 그보다 더 큰 강물에서는 무려 90~120cm까지 자란다. 부모의 도량과 그릇에 따라 아이의 가능성은 무궁무진하게 커진다는 얘기다.

비전과 꿈의 세계는 무한하다. '꿈의 크기만큼 성공한다'는 말처럼 고양이를 그리려면 적어도 호랑이를 그리겠다는 큰 꿈을 꾸어야 가능하다. 흔히 꿈을 크게 갖지만 여러 환경과 사정으로 인해 점점 오그라드는 게 다반사이기 때문이다.

자신이 생각하고 경험하는 세상의 크기가 꿈의 크기를 결정한다. 더 큰 꿈을 꿀수록 그 꿈은 자랄 수 있다. 내가 지금 어디에 있는지, 무엇을 해야 하는지, 어떻게 살지 고민해야 한다. 큰 꿈을 꿀 수 있도록 아이 생각의 크기를 함부로 제한하지 말아야 한다. 부모 스스로 먼저 그런 사람이 되어야 한다. 부모 그릇의 크기에 따라 자신과 아이의 인생 모두가 달라질 것이다.

부모나 주변 어른한테 듣는 칭찬과 격려가 더 많은 자극으로 이어진다. 호기심과 기대 가득한 세계를 설계할 수 있다. 아이의 꿈을 키워주기 위해서라도 칭찬을 자주 해야 한다. 사랑이 담긴 칭찬 한마디가 나중에 어떤 결과를 가져올 지 모를 일이다. 오랜 세월이 흘러도 뇌가 그것을 기억하는 걸 보면 말이다.

큰 아들 승우는 옛날 이야기를 할 때면 내게 말하곤 한다. 엄마는 단 한번도 내게 부정적인 언어나 꾸지람을 하지 않았다고…. 승우와 대화를 할 때마다 아이의 장점을 찾아 칭찬해주고 최대한 긍정적인 상황 속에서 이야기를 이끌어 나가려 했다. 혹시라도 아이가 교만해질까 칭찬에 인색하거나, 잘못된 지점을 찾아 바로잡아주는 것이 올바른 부모의 역할이라고 생각하는 사람들도 있다.

난 그렇게 하지 않았음에도 아이는 훌륭하게 컸다. 적어도 커서 자신의 부모에게 감사함을 표현할 수 있는 아이가 된 것이다. 내가 훌륭하게 컸다고 생각하는 기준은 이 지점이다. 자녀에게 칭찬을 아끼지 말자. 자신이 아이의 단점을 교정하려고 하거나 지적하지 않아도 아이가 사회에 발을 내딛는 순간 시시각각 그런 경험을 하게 될테니까.

내 소싯적 이야기로 잠깐 들어가 보자. 지금 글을 쓰는 것도 여섯 살 때 만난 탁발승의 말 한마디 때문인지도 모른다. 탁발이란 불교의 수행 의식 중 하나로 수행자가 남에게서 음식을 공양받는 행위를 말한다.

무더운 여름날이었다. 잿빛 삼베적삼에 동냥봇짐을 멘 스님이 양식을 받아 가다 말고 멈칫 뒤돌아섰다. 마루 끄트머리에 앉아있던 나를 힐끗 보며 어머니에게 덕담 한마디를 툭 던지고 가버렸다.

"저 아이는 나중에 문장으로 성공하겠소."

어린 나는 '문장'이라는 생소한 단어의 의미가 몹시 궁금했다.

"엄마, '문장'이 뭐야?"

엄마는 그 단어의 뜻을 잘 설명하지 못했다. 하지만 적어도 나쁜 말은 아닌 것 같았다. 그 당시 시골 마을의 부모들은 논밭에 나가 일했고 아이들은 공부보다 노는 데 주력했다. 학교가 끝나면 집에 와 대부분 일손을 돕거나 동생을 돌보며 보내던 때였다. 한가로이 부모 자식간 꿈 이야기나 펼칠 여유조차 없던 가난한 시절이었다.

그 '문장'이라는 말이 나도 모르게 마음속에 스며들었다. 하지만 커가면서도 문장이라는 것에 대한 명쾌한 답을 얻을 수 없었다. 고작 국어사전에서 찾아본 문장이란 '주어+서술어'라는 뜻이었지만 통 공감이 가지 않았다. 어떻게 해야 탁발승의 말처럼 문장으로 성공할 수 있을까가 가장 큰 궁금증이었다.

30대 중반 어느 날 책을 읽다가 문장(文章)에 대해 명쾌한 해석을 만났다. 마음이 설렜다. 정약용이 『유배지에서 보낸 편지』에서 제자에게 당부하는 말이 그것이었다.

"사람에게 있어서 문장은 풀이나 나무로 보면 아름다운 꽃과 같다. 정성스러운 뜻과 바른 마음으로 그 뿌리를 북돋아 주고, 독실하게 행하고 몸을 잘 닦듯이 줄기를 안정되게 해주어야 한다. 넓게 배우고 들으며 예능에 노닐어 가지나 잎이 돋아나게 해야 한다. 문장이란 급하게 완성될 수는 없다."

문장이란 단어가 가진 큰 무게에 놀란 나는 적잖이 그 무게를 실감했나 보다. 차라리 책만 열심히 읽는 편이 낫겠다고 마음먹는 순간이었다. 김병완 작가가 쓴 『오직 읽기만 하는 바보』처럼 살기로 작정했다.

하지만 탁발승이 무심히 던진 말이 뇌리에 박혀 사라지지 않았다. 수수께끼 같던 그 말이 평생의 화두가 될 줄이야. 작가라는 무거운 짐을 감당하고 있는 제 2의 인생을 살게 한 원동력이었다. 그 덕에 평범한 옆집 엄마로 살던 내가 육아서 『끝내는 엄마vs끝내주는 엄마』 외 몇 권의 책을 내고 많은 부모님들의 과분한 사랑을 받았다. 삶의 전환점이 되었다고나 할까.

102세인 김형석 교수가 장수 시대에 60세부터 75세가 인생의 황금기라고 말했다. 나도 일상에서 좀 한가로워 졌으니 용기 내어 앞으로도 계속 꿈에 도전하려 한다. 글을 쓰고 책을 쓰는 데 더욱 매진하려 한다.

정리하자면, 현재의 나도 어릴 적 경험과 어른들과 주고받는 관계를 통해 정의되었다. 꼬마 시절 스님의 칭찬 한마디가 현재의 나를 지탱하는 원동력이 되고 있다. 유년기에 경험하게 되는 칭찬과 성인이 된 후에 경험하는 칭찬은 그 근본 무게가 다르다. 어릴 적 별 것 아닌 경험도 크게 뇌리에 남아있듯 꼬마 시절 경험하는 칭찬 하나하나가 아이의 큰 마음의 양식이 된다. 부모가 해줄 수 있는 칭찬과 격려는 아이의 그릇을 크게 성장시킨다. 아이가 클 어항의 크기를 무한대로 확장시키고 궁극적으로는 바다로 이끈다.

큰 아들 승우와 열 살 터울 늦둥이 승찬을 기르며 가끔 "넌 세상을, 혹은 우주를 빛낼 거야."라고 말하면 눈을 반짝이곤 했다. 아이는 엄마의 칭찬과 격려 한 마디에 기분이 좋아지고 하고자 하는 욕구가 샘솟기도 한다. 내가 '문장'이라는 단어에 관심을 가졌듯이 아이들도 '세상과 우주'에 대해 막연하게나마 궁금했으리라.

부모나 사회로부터 인정받지 못하면 아이의 자긍심은 곤두박질친다. 굳이 사회로까지 확장할 필요도 없다. 유년 시절 부모는 아이에게 있어 사회 그 자체이기 때문이다. 부모를 통해 따뜻한 사회를 아이에게 보여주자. 성장한 후 야생 속으로 혼자 나아가더라도 어릴 적 쌓은 소중한 양분들로 든든히 자신을 채울 수 있도록 말이다.

05

—

내 아이의
최고 강점은 무엇일까

『세상에서 가장 발칙한 성공법칙』의 저자 에릭 바커다는 앞서고 싶다면 남의 뒤를 따르지 말고 자기 환경에 맞게 내가 누군지 알고 그에 맞게 살라고 조언한다. 성공의 법칙에는 정답이 없다. 성공이란 본인이 직접 부딪히고 실패해 자신의 강점을 찾아가는 과정에서 얻는 결과물의 합이라고 할 수 있다. 아이의 최고 기질을 살려 아이만의 색깔을 분명히 할 때다. 과연 내 아이에게 강점은 무엇일까.

8살 때까지 열등아였던 아인슈타인은 다른 아이들과 비교가 되어 주변으로부터 많은 놀림을 받았다. 하지만 15세 때 그는 이미 뉴턴이나 데카르트, 스피노자 같은 철학자의 책들을 독파하고 있었다. 아무도 눈치채지 못했다. 그러나 그의 어머니는 알았다. 남들과 다름을 눈치챈 어머니가 있었기에 아인슈타인이 존재하게 된 것이다.

『탈무드』에 이런 말이 있다. "형제의 개성을 비교하면 모두 살리지만 형제의 머리를 비교하면 모두 죽인다." 유대인 부모들은 '남보다 뛰어나려 하지 말고 남과 다르게 되라'고 가르친다. 그들의 관심사는 아이의 지능이 아닌 개성이다. 사람에게는 누구나 타고난 재능이 있다. 아이의 개성과 재능을 발견하고 그것이 잘 성장하도록 돕는 것이 진정한 부모의 역할이다.

강점 찾기 프로그램은 미시간 대학교 심리학자 크리스 피터슨 교수가 오랜 연구를 통해 그 체계를 세웠다. 3년 동안 50만 명이 테스트에 참여했다. 강점이 없다고 생각했던 사람도 테스트를 해 보고 자신도 친절하거나 좋은 팀원이거나 유머 감각이 있다거나 하는 강점을 찾고 힘을 얻게 되었다.

이제 성적을 위한 암기식 공부로는 미래 사회가 원하는 진정한 인재를 얻어낼 수 없다. 내 아이의 적성과 소질, 그리고 강점을 찾아 평생 사용할 브랜드를 만들어나갈 때다. 아이의 강점을 살려주지 못한다면 강점이 없는 거나 마찬가지다.

『종의 기원』을 쓴 다윈은 어렸을 때부터 딱정벌레를 좋아했다. 의사인 그의 아버지는 다윈에게 공부를 강요하지 않았고 딱정벌레를 좋아한다고 나무라지도 않았다. 결국 다윈은 딱정벌레를 채집하고 관찰하면서 생물의 세계에 대한 영감을 얻었고, 『종의 기원』이라는 위대한 책을 쓸 수 있었다.

상대성이론으로 유명한 물리학자 아인슈타인은 어릴 때부터 언어 발달이 늦었다. 그의 부모는 의사를 찾아가 진료를 받았다. 그 후에도 말이 느려서 다른 아이들에게 놀림을 받았다. 학교 시험에서 낙제 점수를 받는 게 일쑤였으며 결국 대학교 입학시험에서도 떨어진 아이였다.

발명왕 에디슨도 직접 날달걀을 품어 부화를 시도했을 정도로 호기심이 많고 몰상식한 행동과 이상한 질문을 많이 하여 초등학교에 입학한 지 3개월 만에 퇴학을 당했다. 그럼에도 불구하고 아인슈타인과 에디슨은 인류의 발전에 기여한 대기만성형 인재가 되었다. 부모의 정서적 지지와 신뢰가 아이의 자기주도성을 키워 꽃피우게 했다.

그런 반면 우리의 교육환경은 다소 안타깝다. 초등학교에 들어가기 전부터 아이들은 경쟁사회를 강요받으며 사교육 시장에 내몰리는 등 인간으로서의 진정한 행복을 배우지 못한 채 성장한다. 코로나 전 어느날 동네 가게에서 초등학교 3학년 아이를 데리고 온 이웃 엄마를 만났다. 그녀와 잠깐 이야기를 나눴다.

"아이가 영어, 수학, 학습지, 방과 후 수업 등 사교육을 받느라 눈코 뜰 새 없이 바빠요."

어찌 보면 과거나 다를 바 없는 지식쌓기에 몰두하느라 요즘 아이들이 고생이 많다. 모든 지식은 컴퓨터에 다 있으니 그를 활용해 강점을 키우는 게 중요해졌다. 오히려 그 많은 정보를 올바르게 취사선택하는 능력이 절실하다. 예를 들면 음악을 좋아하는 아이라면 곡을 자주 들려줘 감흥을 받도록 유도해야 한다. 그럼으로써 작곡에 대한 자발적 흥미를 일으킬 수 있다.

모든 과목이 다 그런 식이라면 공부가 한결 재밌어지고 각자가 가진 강점을 살릴 기회가 될 것이다. 우리의 음악 시간은 예나 지금이나 별다를 게 없다. 음표가 어떻고 박자가 어떤지에 대한 공부로 학교 수업 내내 지루하고도 힘겨운 시간을 보내야 한다. 우리는 지금도 19세기 교실에서, 20세기 선생님이, 21세기 학생들을 가르치고 있다는 게 문제라고 지적들을 한다.

　내 아이의 강점은 아이가 한가롭게 놀 때 잘 나타난다고 한다. 어른도 만약 서너 시간 휴식이 주어진다면 자기가 좋아하는 것을 먼저 할 것이다. 그처럼 아이도 멍때리고 놀 때 아이가 좋아하고 잘하는 것을 먼저 선택한다. 그게 바로 내 아이의 강점이 될 수 있다. 어릴수록 더 잘 찾을 수 있으니 주의 깊게 살필 일이다.

창의성

creativity

"낡은 지도로는 새로운 세상을 탐험할 수 없다"

-알베르트 아인슈타인

01

—

게임 기획자가 된 승우

　"최고의 예술가는 대리석 내부에 잠들어있는 존재를 볼 수 있다. 조각가의 손은 돌 안에 자고 있는 형상을 자유롭게 풀어주기 위하여 돌을 깨뜨리고 그를 깨운다. 모든 대리석은 그것의 내부에 조각상을 가지고 있으며 그것의 참된 모습을 드러내는 것이 조각가의 일"이라고 미켈란젤로는 말했다. 그가 대리석을 보고 어느 조각상을 상상하는 것처럼 최고의 부모란 자기 자식을 보며 숨은 잠재력을 발굴해내는 사람이다. 못생긴 사과 씨 하나에도 커다란 사과나무 한 그루가 숨어있음을 알듯이 말이다.

　큰아들 승우가 생후 6개월 때부터 뭔가 끄적이기를 좋아했다. 나는 여러 그림을 보여주며 스스로 책장을 넘기도록 얇은 종이로 된 그림책을 주었다. 그 당시 유아책 대부분은 딱딱한 종이에 그림의 부분만을 보여주는 게 대부분이었다. 즉, 흰 바탕에 사과 하나가 덩그러니 그려져 있거나 미끄럼틀 하나만 그려져 있는 그림책들이 전부였다.

하지만 실제 우리 세상에서 이미지는 그렇게 존재하지 않는다. 미끄럼틀은 놀이터의 모래바닥 위에 있으며 아이들이 그 위에서 뛰논다. 사과는 접시에 담겨 식탁 위에 놓여있기도 한다. 사물의 온전한 모습을 보여주고 싶었다. 아이가 책장을 직접 넘길 수 있고 일상의 전체 그림을 볼 수도 있는 책이 무엇일까를 고민했다.

마침 기존 흑백 교과서에서 컬러로 바뀌고 책 크기도 커지던 시절이라 서점으로 곧장 달려갔다. 앞에서도 말했던 안성맞춤인 책을 발견하고 얼마나 기뻤는지 모른다. 커다란 놀이터에서 미끄럼틀을 타고 노는 아이들이 함께 그려져 있고, 식탁에 온 가족이 둘러앉아 과일을 먹는 모습들이 큰 그림으로 들어가 있는 책이었다. 밖으로 스스로 나갈 수 없는 유아기에는 책을 통해 보는 이미지가 삶의 큰 부분을 차지한다. 최대한 있는 그대로의 모습을 있는 그대로 보여주고 싶었다.

승우를 무릎에 앉혀 책장 넘기는 것을 시범으로 보여주고 끊임없이 이야기를 들려주곤 했다. 얼마 지나지 않아 아이가 고사리손으로 책장을 넘겼다. 소근육 운동과 뇌가 직결된다는 사실을 알고 있던 터라 칭찬을 아끼지 않았다. 승우가 앉기 시작하자 얇은 그 책을 혼자 넘기며 즐기곤 했다. 스스로 할 수 있는 일이 생겨 흡족해하는 표정을 바라보는 게 즐거웠다.

아이가 뭔가에 빠져 집중하는 능력은 아주 어릴 때부터 만들어지는가 싶었다. 아이의 놀이를 방해하지 않고 천천히 기다리는 행위가 엄마의 역할이 아닐까. 승우는 차츰 전체적인 그림을 볼 수 있는 눈을 길렀으며 예술계 쪽으로 적성도 나타냈다. 그 길로 학과도 선택했고 취업해 직업, 취미, 적성이 같은 삶을 꾸리고 있다.

인간은 누구나 저마다 원하는 일이 있다. 각기 다른 특성을 가지며 자기만의 길이 있다고 본다. 그것을 개척하는 일이야말로 부모의 일 중 가장 중요한 덕목이다. 만약 아이가 예술 쪽에 관심이 있다면 부모는 조각가의 마음으로 조심스레 대리석을 다뤄야 한다. 대리석에 뭔가를 덧붙이기보다 덜어내야 조각품이 완성되듯 우리 아이에게도 많은 것을 주는 대신 가지치기해야 한다. 육아에서도 뺄셈의 법칙이 적용된다.

아이가 하고 싶은 일을 먼저 찾는 게 가장 중요하고 그것을 향한 상상과 갈망을 갖도록 유도해야 한다. "만약 배를 만들고 싶다면 일꾼들에게 나무를 구해오라고 지시하지 마라. 업무와 일을 할당하지도 마라. 대신 그들에게 저 넓고 끝없는 바다에 대한 동경심을 키워줘라!" 생텍쥐페리의 이야기다. 아이가 하고 싶은 일을 먼저 상상하고 갈망하게 하라는 뜻이다. 게다가 기본기를 닦는 무한 노력과 인내가 있은 후에야 창의도 발현된다. 즉 시간과 열정, 도전 정신이 필요하다.

기본기 연마로 따지면 승우도 생후 6개월부터 입시 전까지 18여 년을 사교육 없이 혼자 갈고 닦은 셈이다. 그 덕에 디자인학부를 거쳐 모 게임업체에서 게임 기획을 하며 창의적인 아이디어를 창출해 내고 있다.

"필승을 위해 꼭 필요한 것은 명료한 목표다. 성공하려면 자신이 무엇을 원하는지 알고 그것을 성취하고자 하는 불타는 열망을 가져야 한다." 미국의 작가 나폴레온힐의 말이다. 그는 9살 때 어머니를 잃었지만 어머니가 들려주곤 했던 '너는 틀림없이 역사에 이름을 남길 위대한 작가가 될 거야'라는 말을 가슴 깊이 새기며 자랐다. 그는 어머니의 말씀을 갈망하며 미래를 상상해 결국 성공할 수 있었다.

꿈의 목적과 의미가 분명하면 한곳에 집중할 수 있다. 아이와 합일해야 목표 지점까지 가기가 훨씬 수월하다. 때론 위기에 빠지고 다른 것들로 혼란스런 경우도 배제할 수 없다. 간혹 그럴지라도 부모와 자식간에 서로 믿는 마음을 버리면 안 된다. 서로간의 신뢰는 그 무엇으로도 대체 불가능하기 때문이다. 사랑의 자양분을 가득가득 먹여야만 한다.

02

—

네 인생이잖아,
네 맘대로 해

지구 온난화로 요즘 지구촌 날씨가 최악이다. 연일 불볕더위에다 비도 오지 않아 길가의 화초가 시들시들하다. 마스크와 선글라스, 모자에 양산까지 받쳐 든 모습들이 종종 보인다. 약속 장소로 가기 위해 지하철을 기다리는 데 '엄마의 몇 마디'라는 시가 지하철 스크린 도어에 적혀 있었다.

"네 인생이잖아

네 마음대로 해

엄마는 네가 잘 살아 주면 좋을 뿐이지

네 마음 가는 대로 해"

이 시는 말의 위용을 알려준다. 용기와 위로, 신뢰는 단 한마디면 족하다. 액면 그대로 인정하기다. 대개의 부모는 '내 마음대로'라는 채널 안테나를 손아귀에 쥔 채 아이를 조정하지 않던가. 촌철살인의 메시지를 담은 시를 몇 번이고 음미해 보았다. 우연의 일치일까?

그날 오후에 몇 해 동안 연락이 뚝 끊겼던 지인에게 연락이 왔다. 실수로 연락처를 모두 날려 연락을 못했었다고 했다.

몇 해 전 초여름, 학교 공부가 지겹다고 말하는 고 2 아들의 자퇴 건으로 상담했던 어머니였다. 그 후 몇 차례 전화도 주고받은 후 감감무소식이다가 좋은 소식을 들려줬다. 아이가 얼마 전 변호사 시험에 합격했으며 지금 연수 중이라고 했다.

그 아이는 자기 고집과 주관이 뚜렷했다. 용감하게 자퇴까지도 단행했다. 그 후 검정고시로 고교를 졸업하고 대학에서도 몇 번이나 중도하차하곤 했다. 그 과정을 바라봐야만 하는 엄마의 심정 또한 오죽했으랴.

그녀는 자녀가 어릴 때 교육을 위해 다양한 방식으로 노력했다. 갖가지 캠프와 미술관, 영화관, 과학관, 도서관 등의 볼거리와 사고력 신장에 두루두루 신경 썼다. 독서환경도 적극적으로 만들어 주었다. 독서환경이란 바로 가족 독서 문화였다. 그 아이는 또래에 비해 논리적이고 소양도 풍부했다. 하지만 교우 관계는 원만한 편은 아니었다.

이 아이는 소위 말하는 틀에 박힌 주입식 교육 체제에 적응하지 못했다. 사실 그 아이는 학교에서 배울 게 없었다. 친구들과 부적응 상태도 그 요인 중 하나다. 그러는 동안 아이에 대한 엄마의 기대는 실망으로 바뀌고 있었다. 밤잠을 설치는 것은 예사였다. 무엇보다 친구 관계가 어그러져 자기 아이만 외톨이가 되지 않을까 걱정이었다.

그녀는 아이의 불투명한 미래가 염려되어 의기소침한 채 주변 사람들과 연락 두절하며 수년을 지냈다. 그러면서도 아이에게 꿈을 잃지 않게 하려고 무척 애를 썼다. 때론 친구처럼 여행하고 쇼핑도 하며 대화로 여러 문제를 나누려 노력했다. 다행스레 조금씩 철이 들어 엄마와 이야기를 하게 됐다. 아이와 엄마가 동굴에 매달린 증류석처럼 거꾸로 성장한 셈이다.

그런 스토리를 가진 그녀와 오랜만에 긴긴 통화를 했다. 그녀의 사고는 깨달음의 경지에 이르렀다. 자식이 고난의 길을 선택해 얻은 성찰과 지혜는 돈 주고도 사지 못하는 경험이었다. 고통은 아픔이지만 그 아픔을 통해 또 다른 시각을 갖게 됐다. 보통의 부모라면 눈앞의 공부에만 매몰되어 아이를 몰아세웠을지도 모른다.

엄마의 변모한 가치관 덕에 아이는 처한 환경에서나마 퍽 자유로웠으며 원하는 것을 상상하며 성장했다. 그러는 동안 아이는 몰라보게 발전했다. 자신이 누구인지를 파악하며 꿈을 재정립해 나갔다. 공부는 열심히가 아니라 호기심과 상상으로 하는 것이 아닐까. 어린 시절 가졌던 변호사의 꿈을 다시 꿨다. 자식을 위해 헌신한 엄마를 위해서라도 힘을 내야겠다 생각했다고 한다.

변호사가 되기 위한 로스쿨 진학을 위해서는 대학 성적이 우수해야 했는데 여기서부터 걸림돌이었다. 그간 학업을 소홀히 해 아이의 학과 성적이 썩 좋지 않았다. 그럼에도 다행히 모 대학 로스쿨에 입학할 수 있었다. 이후 원만히 변호사가 되었다.

"나의 미래는 지금 무엇을 하느냐에 달려 있다"고 인도의 간디가 말했다. 미래가 지금의 현실을 만들듯 장래의 꿈과 행동이 방향을 결정한다. 부모가 어떤 생각으로 아이를 키우느냐에 따라 아이도 달라진다. 제도권에서 벗어나 꿈의 고지에 정착하기까지 엄마도 아이도 우주의 무한 궤도를 돈 느낌이었을 것이다.

바로 블루오션, 즉 남이 가지 않은 길을 개척한다는 것은 그만한 의지와 끈기, 미래 계획 없이는 불가능한 일이다. 게다가 아이가 어릴 때 넓고 깊게 판 그릇의 자양분에 따라 성공이 좌우된다는 말이 어느 정도 일리가 있음을 알 수 있다. 아이를 믿고 기다려준 부모의 인내와 자기 실험에 과감히 도전한 아이의 투지에 한없는 박수를 보낸다. "네 마음 가는 대로 해" 용기있는 엄마의 목소리가 그날따라 크게 울리는 듯했다.

03
—

걷기만 해도
창의력 쑤욱

2018년 7월부터 매일 5km 이상 걷는다. 걷고 나면 마음과 몸이 가벼워진다. 작은 실천 하나가 쌓여 나를 만들기에 꾸준히 걷는 습관을 들였다. 습관은 참 무섭다. 몸과 마음이 그걸 요구하는 걸 느낀다. 잔병치레도 많이 줄었다. 걷기 예찬론자가 될 수밖에 없다.

걷기는 나에게 오롯이 집중할 수 있는 소중한 시간이다. 걷기를 통해 건강 유지, 생각 정리, 아이디어 창출, 심신 안정 등 많은 것을 얻을 수 있다. 걸으며 강연할 내용들을 되새기고 집필 아이디어를 얻곤 한다. 걷는 동안 뇌도 휴식을 취한다. 심신의 활기도 느낀다.

또한 걸으며 가까이 대할 수 있는 자연은 우리를 따스하게 안아 주고 쓰다듬어 준다. 울고 싶을 때 걸으며 몸과 마음으로 실컷 울게 해보는 것도 좋다. 그렇게 시원할 수 없다. 새로운 원동력을 얻을 수 있다.

인간은 걸을 수 있었기에 뇌를 더욱 발달시킬 수 있었다. 산책하면 기분이 좋아지고 아이디어가 떠오르는 경험이 있을 것이다. 이처럼 걷기는 몸과 뇌를 활발하게 촉진시킨다. 걷기와 뇌는 불가분의 관계다. 아이들에게도 신체활동의 중요성은 매우 크다.

걷기와 지능의 상관관계를 알아보는 흥미로운 연구가 있다. 2017년 발표에 따르면 미국의 대도시 중에서 걷기를 즐기는 사람들이 많은 곳이 총생산량이 많고 고학력자들이 많은 곳임이 밝혀졌다. 이 연구는 콜롬비아 특별 구의 도시 지지 단체인 스마트 그로우스 아메리카(Smart Growth America)에 의해 시행되었다.

아이를 키우는 부모라면 일본 뇌과학자 시노하라 박사의 말도 새겨들을 필요가 있다. "뇌를 발달시키려면 흔히 머리를 많이 써야 한다고 생각합니다. 엄마들이 아이들에게 무언가를 외우게 하거나 퍼즐 맞추기를 장려하는데 그게 전부는 아니에요. 뇌세포는 유산소 운동으로 몸을 활발하게 움직일 때 엄청나게 늘어납니다. 아이의 머리를 좋게 하려면 유산소 운동을 열심히 시키세요. 유아기의 달리기와 같은 유산소 운동이 좋은 이유가 여기에 있습니다."

걸을 때 창의 지수도 올라간다. 스탠퍼드대 연구진은 2014년 걷기가 창의성을 60% 증진한다는 연구 결과를 발표했다. 실리콘밸리는 걸어가며 회의하는 '워킹미팅(walking meeting)'의 발상지다. 애플의 스티브 잡스(1955~2011)와 페이스북의 마크 저커버그가 대표적인 워킹미팅 예찬론자다.

과거 명인은 하루에 세 번씩 밥 먹듯 산책했다. 고대 그리스 아테네 사람들은 운동, 특히 걷기를 좋아했다. 소요학파인 아리스토텔레스도 천천히 걸으며 제자들을 가르쳤고 그들과 토론을 즐겼다.

우리나라에 걷기 열풍이 분 지 그리 오래되지 않았다. 30여 년 전, 큰아이가 어릴 때만 해도 휴일이면 올림픽 공원 등에 가 놀다 오는 게 전부였다. 그 당시는 지금처럼 오로지 걷기 만을 위해 공원에 가는 일은 드물었다.

걷기는 손쉽게 할 수 있다. 바쁜 현대인들은 자동차로 출퇴근하는 경우가 많아 걸을 새가 없다. 대중교통만 이용해도 웬만한 걷기는 보충된다. 걷기는 체력에 따라 거리나 시간도 조절할 수 있다. 또한 장비나 경비가 들지 않아 매우 경제적인 유산소 운동이다.

요즘은 건강뿐만 아니라 마케팅 측면에서도 걷기가 문화로 자리잡았다. 제주 올레길, 지리산 둘레길, 부산 갈맷길, 울진 금강소나무길, 백두대간 능선길, 서울 올림픽공원 들꽃마루길, 서울 청계천길 등 걷기 열풍이 점점 높아지고 있다. 『걷기 속 인문학』 저자 황용필 박사는 매일 1만 보를 걷고 매달 아름다운 사람들과 6km 별 밤을 걸으며 두 달에 하루는 20km를 걷는다고 한다.

맨발 운동에 대한 흥미로운 연구도 있다. 독일 예나대 연구팀은 아이들이 신발을 신는지의 여부와 운동 기능 사이 관련성을 조사했다. 아이들이 맨발로 신체 활동을 하면 운동 기능 발달 및 균형 감각과 도약 능력이 커진다는 연구 결과가 나왔다.

연구팀은 남아프리카의 웨스턴케이프주와 독일의 도시 지역에 사는 초중고등학교 학생 810명을 대상으로 균형감각, 도약, 20m 단거리 달리기 등 세 가지 운동 기능을 측정했다. 남아프리카 아이들은 맨발로 생활하는 그룹을, 독일 도시 지역의 아이들은 주로 신발을 신고 생활하는 그룹을 대표했다.

연구 결과 맨발로 생활하는 아이들이 균형감각과 도약 테스트에서 더 높은 점수를 기록했다. 신발 유무에 따른 운동 기능 차이는 6~10세 그룹에서 가장 컸다. 더 나이가 많은 청소년 그룹(11~14세, 15~18세)에서는 맨발 효과가 줄어들었다. 연구팀은 "10세 이전이 운동 기능이 가장 빠르게 발달하는 시기"라며 "어릴 때 맨발 활동을 많이 할수록 좋다"고 말했다. 일본에서도 3세 이하 아이에게 맨발로 걷기를 권장한다. 걷기야말로 최고의 낙이요, 희망이고, 생명이라고 생각한다.

장비도 시간도 별로 들지 않는 걷기는 가성비 좋은 운동 중 하나다. 게다가 걷기만 해도 다양한 부분이 향상된다니 우리 아이들에게도 일거양득 아닌가.

기다림의 힘

몇 해 전 여름 담양의 죽녹원에 간 적이 있다. 쭉쭉 뻗은 대나무들이 하늘을 향해 높이 솟아 있었다. 대나무는 씨를 뿌려도 몇 년 동안 거의 자라지 않는다. 농부가 4년여 동안 끈기와 인내로 정성껏 돌봐야 겨우 3cm 정도 자란다. 하지만 5년이 지나면 갑자기 놀라울 정도로 성장한다. 그동안 꼼짝도 하지 않던 대나무들이 쑥쑥 자라 6주 만에 무려 수십m 이상의 높이로 자란다.

성장 기미조차 내보이지 않던 대나무가 어떻게 한순간에 울창한 숲을 이룰 수 있을까? 거기에 대나무만의 특별한 성장 비밀이 숨겨져 있다. 처음의 4년이 중요하다. 변화가 없는 것처럼 느껴지는 그 시간 동안 땅 속에서 대나무가 자신의 성장 기반을 열심히 다지고 있기 때문이다.

보이지 않는 곳에서 성장에 쓸 자양분을 차곡차곡 모으며 깊숙히 뿌리를 내리는 것이다. 대나무의 초기 4년은 비약적인 성장을 이루기 위한 준비 기간이다. 우리 아이들의 성장 과정도 그와 흡사하다.

그때 아이의 심성과 일상생활 습관의 토대가 자리잡힌다. '세 살 버릇 여든 간다'는 속담은 곧 부모의 뒤를 바라보고 자라는 아이에게 부모의 역할이 얼마나 중요한지 말해 준다. 아직 어린 시기지만 이후 성인으로 자랄 자양분을 쌓는 축적의 시간이기 때문이다.

만약 미래가 없어 보인다고 여겨 대나무 기르기를 포기하거나 조급한 마음에 과다한 영양제를 준다면 어떻게 될까? 아마도 대나무의 미래를 망치는 결과를 초래할지도 모른다. 흔히 부모는 아이가 잘되길 바라며 한시도 가만히 두지 않는다.

좋은 말도 자주 들으면 잔소리다. 아이는 계속된 간섭에 자연히 건성으로 듣거나 반발하기도 한다. 이제 자세 잡고 공부하려는데 부모님이 문을 벌컥 열며 '공부 안 하니'라고 소리친다면 금세 의욕이 꺾인다. 아이나 어른이나 사람 심리는 똑같다.

한 템포 느린 '기다림'이 필요하다. 밥을 맛있게 지으려면 충분히 뜸을 들이는 시간이 필요하고 아이를 출산하는 데도 10개월이라는 임신 기간이 필요하다. 그걸 임계점이라 한다. 임계점은 다양하게 작용하나 공통점은 시간과 노력을 충분히 투자한 후에 결실을 기다리는 단계라고 할 수 있다.

아이들은 모든 일에 서툴다. 충분한 반복 연습으로 점차 자신이 하는 일에 익숙해지고 숙달되기에 이른다. 충분한 시간과 정성, 하고자 하는 열정으로 완성된 결실은 더욱 소중하다. 어떠한 결실을 맺느냐는 아이마다 다르다. 보통 자신이 흥미를 느끼거나 특기를 가진 부문으로 귀결된다. 그것이 바로 그 아이의 평생 강점이 된다. 차곡차곡 쌓아나갈 수 있는 인내가 가능한 환경과 버팀 장치가 마련

되어야 창의적인 결실을 맺을 수 있다.

기다림과 방치는 엄연히 다르다. 조급해하지 말고, 아이에게 뻔한 간섭을 하지 말라고 했다고 해서 아이가 어떻게 되든 상관하지 말라는 것이 아니다. 시행착오를 하는 와중에 천천히 한 걸음씩 내딛는 아이가 문득 주변을 둘러봤을 때 항상 자신을 바라보고 있는 부모의 따뜻한 시선을 느낄 수 있어야 한다.

물리적으로 어렵다면 심리적으로라도 충분한 응원군이 되어줘야 한다. 그렇게 되면 아이는 자신의 행동에 의문을 갖지 않고 스스로의 특기를 더욱 살려 나간다. 아이의 행동을 통해 아이가 무엇에 흥미를 느끼고 즐거워하는지 점차 알 수 있게 된다.

부모는 한걸음 물러서 사랑을 담은 시선으로 환경적, 심리적 보조를 해주면 된다. 부모가 앞장서서 뒤따라오는 아이의 손을 잡아끄는 것은 그저 자신의 지시에 따라 잘 따라오는 인형을 기르는 것과 다름없다. 부모는 아이의 뒤에서 한걸음 물러서 기다리며, 다만 한시도 시선을 거두지 않고 아이가 나아가는 대로 같이 걸을 뿐이다. 그것이 올바른 기다림이다.

05

—

엔돌핀과 다이돌핀

벌써 오래전 이야기지만 엔돌핀(Endorphin)이 암을 치료하고 통증을 해소하는 효과가 있다고 해 장안의 화제가 된 일이 있다. 이 엔돌핀이라는 호르몬은 피로도 회복하고, 병균도 물리치며 암세포도 이기게 하는 강력한 힘을 갖고 있다는 것은 요즘 누구나 아는 사실이다. 그 당시 엔돌핀 효과로 혜성처럼 나타난 이상구 박사는 '엔돌핀 신드롬'으로까지 확산되어 전국을 강타했던 기억이 새롭다.

이미 고인이 된 황수관 박사는 이 엔돌핀 인자를 체내에 축적하기 위해 해학과 웃음을 몸소 실천하면서 강의나 세미나 등 이 분야 활동으로 유명인사가 되었다. 개그맨 고 김형곤 씨는 해학과 웃음이 넘치는 가정과 이웃, 회사를 만들기 위해 입담과 재치로 엔돌핀의 수치를 올리는 데 크게 기여했다. 그의 저서 『엔돌핀 코드』에서 웃기만 해도 문제의 80%가 해결된다고 하면서 '웃음의 경쟁력'을 세상에 남겼다.

사람의 뇌에서 여러 뇌파가 나온다고 한다. 깨어있는 낮 동안에는 우리 몸에 해로운 베타(β)파가 나오는데 이것은 100% 사람에게 스트레스를 주는 뇌파다. 낮에 오감으로 아무리 좋은 것을 먹고, 사람들을 만나고, 신나는 것을 듣고, 본다고 할지라도 남는 것은 스트레스와 피곤뿐인 것이다.

밤에 잠자는 동안에는 알파(α)파가 나오면서 엔돌핀이라는 호르몬이 분비된다. 이는 모든 병을 고치는 기적의 호르몬이다. 신기하게도 잠을 푹 자고나면 저절로 병이 낫기도 하고 피곤도 사라지고, 기분도 좋아지는 이유도 바로 여기에 있다.

중요한 사실은 깨어 있을 때에도 알파(α)파가 나올 때가 있다고 한다. 그것은 웃을 때, 만사를 긍정적으로 생각할 때 그리고 사랑할 때다. 예를 들어 사랑할 때 마음이 흐뭇하고 기분이 좋은 것은 뇌 속에서 알파(α)파가 나오면서 동시에 엔돌핀이 분비되기 때문이다. 엔돌핀이 분비되면 삶에 리듬감이 생겨 발걸음을 가볍게 하고 여유와 웃음을 가진 생활을 할 수 있도록 만들어준다.

최근 의학이 발견한 호르몬 중에 '다이돌핀'이라는 것이 있다. 이 다이돌핀(Didorphin)의 효과는 엔돌핀의 4,000배라는 사실이 의학계에 발표되었다. 그렇다면 이처럼 강력한 다이돌핀 호르몬은 언제 우리 몸에서 만들어질까? 바로 '크게 감동받았을 때'라는 것이다. 예를 들어 좋은 노래를 들었거나, 아름다운 풍경에 압도되었을 때, 전혀 알지 못했던 새로운 진리를 깨달았을 때, 엄청난 사랑에 빠졌을 때, 이때 우리 몸에서는 놀라운 변화가 일어난다고 한다.

예를 들면 아이가 부모로부터 뜻밖의 칭찬을 받았다거나, 기대하지 않은 성적이 잘 나왔다든가 할 때일 수도 있고, 전혀 생각지도 않은 친구로부터 립 서비스를 받았을 때도 여기에 해당될 것이다. 결국 사랑과 감동을 주는 태도는 남도 살리고 자기도 살리는 상생의 진리다.

우리나라를 '스트레스 공화국'으로 자칭하는 사람들이 많다. 혹자는 한국인들이 '멀쩡한 정신 상태를 유지한다면 그것이 오히려 이상한 일인지 모른다.'라고 말할 정도로 스트레스를 유발하는 여러 인자가 한꺼번에 발생하고 있다. 특히 학생들이 성적 때문에 받는 스트레스는 심각하다. OECD 국가 중 행복 지수 최하위다. 우울하고 경직된 우리 사회, 새로운 해법은 없는가? 그 해법이 바로 '엔돌핀, 다이돌핀 코드'이다.

행복과 불행은 1%의 차이라고 한다. 저울을 행복 쪽으로 1%만 더 기울게 할 수 있다면 충분히 행복할 수 있다. 사람들은 대부분 잘한 것보다는 잘못하고 실패한 것을 더 기억하는 경향이 있다. 1%가 충분히 힘을 발휘할 수 있는 것은 바로 긍정을 선택하는 작은 선택에서 나온다. 이것은 결국 습관이라는 선택 과정을 통해 이루어진다.

한 제자가 스승에게 물었다.
"제 안에는 마치 두 마리 개가 살고 있는 것 같습니다. 한 마리는 매사에 긍정적이고 사랑스러우며 온순한 놈이고, 다른 한 마리는 아주 사납고 성질이 나쁘며 매사에 부정적인 놈입니다. 이 두 마리가 항상 제 안에서 싸우고 있습니다. 어떤 녀석이 이길까요?"
스승은 생각에 잠긴 듯 잠시 침묵을 지켰다. 그리고는 아주 짧은

한 마디를 건넸다.

"네가 먹이를 주는 놈이다."

매일매일 우리는 인생이라는 '버스'에 연료를 넣을 때, 긍정에너지를 넣을지 부정에너지를 넣을지 선택해야 한다. 긍정에너지는 옥탄가가 높은 휘발유와 같아서 차를 힘차게 달리게 해주지만, 부정에너지는 싸구려 가짜 연료처럼 엔진에 찌꺼기가 끼게 만들고 결국엔 차까지 망가뜨리고 만다.

항상 쫓기는 일상이지만 넉넉한 생각과 여유로운 마음으로 억지로라도 감동을 받고 다이돌핀이 많이 생성되는 삶속에서 건강과 행복을 함께 거머쥐는 지혜를 갖도록 해보자. 웃을 일이 있어 웃는 게 아니라 웃다보면 웃을 일이 생기지 않을까. 웃음 속에서 행복지수와 창의지수는 자연히 올라갈 것이다.

06

—

147/805 실패의 법칙

우리나라는 언젠가부터 실수를 허락하지 않는 사회가 되었다. 스타트업이 한 때 봇물처럼 일었으나 한 번 실패하면 영원한 패배자로 낙인찍혀 신용불량자 신세를 면치 못했다. 그에 비해 미국의 경우는 실패에서 재건하는 데 2.4회 실패율을 보이며 다시 일어서도록 도왔다.

147/805실패의 법칙이 있다. 그것은 에디슨이 전구를 발명하기까지 실패한 횟수 147과 라이트 형제가 비행기를 발명할 때까지 실패한 횟수 805를 의미하는 것이다. 두 법칙 모두 땀과 노력, 실패가 성공을 위한 디딤돌이라는 뜻이다. 그 숱한 고생 덕에 지금 우리가 많은 것을 누릴 수 있게 되었다. "인간은 패배했을 때 끝나는 것이 아니라 포기할 때 끝나는 것이다"란 말은 '리처드 닉슨'이 한 명언이다.

미국의 한 조사 기관에서 세일즈맨의 성과를 조사했다. 48%의 세일즈맨은 고객을 한번 방문하고 포기했고, 25%의 세일즈맨은 두 번째 방문에서 포기했으며, 15%의 세일즈맨은 세 번째 방문에서 포기했다. 그런데 세일즈맨 중 12%만이 온갖 장애와 갈등을 극복해 가면서 계속적으로 방문한 결과 소기의 목표를 달성하고 우수 세일즈맨이 되었다고 한다. 이처럼 어느 한 분야에서 정상을 달리거나 소위 성공한 사람들은 독특한 '성공 DNA'가 있는데 바로 이들은 '포기'를 모른다는 것이다.

우직한 자세로 성공을 거둔 이들은 누구일까? 바다의 제왕 넬슨 제독과 유럽을 제패한 나폴레옹, 대 문호 셰익스피어 등은 다리에 이상이 있었다. 천하를 정복한 알렉산더 대왕은 꼽추였다. 아인슈타인은 중학교 시절 수학에서 낙제 점수를 받았다. '월트 디즈니'는 다섯 번이나 파산을 경험한 끝에 디즈니랜드를 설립했다. 또한 농구 천재 '마이클 조던'은 고등학교 때 후보 선수였다. 『뿌리』의 저자 '알렉스 헤일리'는 원고를 들고 4년 동안 출판사를 찾아다녔다. 결국 성공이란 어려운 역경에서도 포기하지 않고 끝까지 도전하는 자에게 돌아간다.

이런 성공 사례가 주는 교훈은 무엇인가. 성공한 사람들은 실패나 역경에 굴하지 않고 실패에서 '성공의 씨앗'을 찾아낸다. 그것을 가꿔 기어코 인간 승리를 만드는 열정과 굳센 자세이다. 실패의 적은 포기에 있다.

리처드 닉슨 미국 대통령은 "인간은 패배했을 때 끝나는 것이 아니라 포기했을 때 끝나는 것이다"라고 말했다. 비록 실패했더라도 다시 일어선다면 패배로 볼 수 없다. 실패를 두려워 말자. 세계적인 야구 선수도 실패를 밥 먹듯이 한다. 홈런왕 베이브 루스는 평생 1,330번의 삼진을 당했다. 그의 홈런 기록 714개보다 두 배 정도 많다. 그러므로 우리가 몇 번 실패했다고 해서 실망할 필요가 없다.

이건희 삼성전자 회장은 "실패는 특권이다. 도전하고 또 도전하라"고 강조했다. 실패를 딛고 다시 도전한다면 기회는 얼마든지 열려 있다. 삼진 당한 야구 선수에게 다음 기회가 있듯 출루 기회가 반드시 찾아온다.

실패란 나쁜 것, 피해야 할 것, 재수 없는 것이라는 부정적 생각을 갖는다면 앞으로 발생할지 모르는 실패를 제어할 수 없으리라. 실패를 창조적인 아이디어로 바꾸려면 실패에서 성공의 지식을 뽑아내는 실패 학습이 필요하다.

예를 들면 포스트잇 노트는 3M에서 일하는 스펜서 실버 박사에 의해 실수로 발명됐다. 그는 상사에게 접착력이 떨어지고 표면에 붙였다 뗐다 할 수 있는 접착제가 쓸모가 있다는 것을 설득했다. 그는 포스트잇의 활용 가능성을 떠올릴 수 있었고 그의 상사는 그러지 못했다. 그러나 실버 박사는 운이 좋았다. 그의 발명은 실제로 세상에 빛을 보았고 그 덕으로 지금도 우리들이 포스트잇을 많이 사용하고 있다. 3M의 직원들은 실패 속에 큰 성공의 가능성이 숨어 있음을 언제나 실감하고 사는 탓에 조금도 실패를 두려워하지 않는다. 세계적인 공산품인 포스트-잇의 개발도 실패를 유용하게 활용한 사례 중 하나다.

85세의 지로 오노는 세계적인 초밥 장인 중 한 사람으로 유명하다. 그는 초밥 장인이 되기까지 숱한 실패를 경험했다. 가장 창의적이고 화려한 장식으로 멋지게 식재료들을 조합해내기 위해 끊임없이 노력했다. 지로는 "스시의 꿈을 꾼다"라는 다큐멘터리에서 미슐랭 스타를 세 개나 받은 초밥을 만든 그는 자신이 하는 일에서 더 뛰어난 결과를 위해 끊임없이 노력하는 모습을 보여준다.

유명한 재즈 피아니스트 페터 레로는 여전히 하루에 6시간 이상 연습을 한다. 최고의 자리는 그냥 얻어지는 게 아니다. 이정도면 되겠지가 아닌 오늘도 자기의 할당량을 소화하는 가운데 어제보다 나은 오늘을 창조해 내는 것이다.

성공지상주의에서 실패는 적이다. 창의와 융합을 중시하는 미래 인재에겐 스스로 문제 해결 능력이 그 무엇보다 중요하다. 실수를 용인하는 부모와 어른, 사회가 필요하다. 창발적 사고는 실수를 등에 업은 자만이 누리는 고뇌의 산물이다. 부모부터 실수를 너그러이 여길 대목이다.

실패를 부끄러워 말고 오히려 자랑하는 분위기를 만들자. 아이들이 마음 놓고 뭔가를 시도해보며 실수도 해보고 다시 도전할 도전력을 길러주는 기회를 확장하자. 21세기가 요구하는 창의 인재는 하루 아침에 만들어지는 게 아니다. 수많은 경험과 실수를 통해 얻은 지혜에서 찾아온다.

실수를 두려워하기보다 성장을 향한 한 발판으로 생각하면 어떨까. 실수를 너그럽게 봐주며 다시 잘 할 수 있다고 북돋아주는 격려야말로 용기를 심어주는 단계이기도 하다. 그런 의미에서 미래 인재의 싹은 실수를 용인하는 데서부터 움트리라.

3장

비판적 사고

critical thinking

"어찌하여 그대는 타인의 보고만 믿고
자기 눈으로 관찰하거나 보려고 하지 않는가?"
-갈리레오 갈릴레이

01
—
선생님 말도
틀릴 때가 있다

33개월 된 승우를 유치원에 보낸 지 한 달이 지났을 무렵, 학부모회가 열렸다. 유치원 원장이 나를 따로 불렀다. 그녀가 꺼낸 첫마디는 이랬다.

"어머님, 승우가 자폐가 조금 있는 것 같아요."

자폐라니, 초보 엄마의 입장에서 충격이었다. 나이 지긋하신 원장의 무심 발언에 내 가슴이 쿵하고 내려앉았다. 내 아이가 자폐? 잠시 정신이 멍해졌다. 정신을 가다듬고 왜 그렇게 생각하는지 물었다.

유치원에 와서도 영 말이 없고, 혼자 노는 경우가 많으며, 유치원에서 하는 학습에 별 관심도 없고 가끔 옷에 오줌도 싼다는 이유였다. 유아교육 전문가인 이원영 교수는 "아이가 유치원에 처음 가서 엄마와 떨어지지 않으려고 할 때는 강제로 아이를 떼어놓으려고 하지 말고 우선 안심을 시켜야 한다."고 주장한다. "3세 미만은 여럿이 있어도 혼자 노는 시기다. 혼자 놀면서 다른 아이와 상호 작용을 하지 않더라도 주변에 다른 아이가 있다는 것 만으로도 사회성 발달이 빨라진다"고 했다. 이제와서 생각해보면 상호 간에 유아 심리에 대한 이해가 부족한 것이 아니었나 생각한다.

적잖이 충격을 받은 나는 스스로를 추스리는 것이 중요했다. 승우에 대해 심각할 정도로 부정적인 평가를 들은 것은 그때가 처음이었다. 부모 입장에서 원장이 원망스럽기도 했다. 아이를 충분히 지켜보지 않고 섣부른 판단을 내린 건 아닐까 하는 의구심도 들었다. 하지만 그런 생각을 한다고 해서 내 마음에 평온이 오는 것은 아니었다. 엄마인 나도 일종의 성장통을 겪으며 고통을 감내해야 성숙한 부모로 갈 수 있음을 깨닫는 계기였다.

당시 나는 외동아이의 사회성 발달에 집착하고 있었다. 육아와 관련된 책들을 좀 더 일찍 봤다면 어땠을까? 나의 행동양식도 달라졌을 것이다. 아이와 더불어 부모도 교육에 대한 자기발전을 게을리 하지 말아야 함을 느꼈다. 아이는 부모의 의식 안에서 크기 때문이다. 우리는 자식을 낳음으로 인해 부모라는 위치가 되었을 뿐 올바른 부모가 되기 위한 공부는 등한시한다. 예비부모 교육이 필요한 이유다.

지금은 어린 승우가 그러한 행동들을 보였다고 해서 자폐가 아니라는 것을 안다. 승우는 유치원을 보낸 초기 한 달여 동안 엄마와 떨어지는 것을 매우 힘들어했다. 가기 싫다고 울고불고 난리였다. 유치원에 가서도 적응은커녕 집에 가고 싶다는 생각만 했을지도 모른다. 35년 전, 지금처럼 인터넷을 통한 정보 검색도 어렵고 적절한 상담을 받을 곳이 어디인지도 모르던 때라 그 어디에도 자폐에 대해 문의할 기회조차 없었다.

　그 유치원은 연령 제한 없이 영역별 수업을 하던 곳으로 4~7세 아이들이 함께하는 나름 혁신적인 구조를 가진 유치원이었다. 그 중 승우의 나이가 제일 어렸다. 마냥 어려 사회성이 아직 없던 아이는 꽤나 혼란스러웠을 것이다. 원장님은 유럽 등지를 시찰하고 벤치마킹해 세운 유치원이라고 홍보하며 마치 승우가 그 시스템에 어울리지 못하는 아이인 것처럼 말했다. 적잖이 서운했다. 당시 외아들이었던 승우의 사회성을 기르려다 오히려 큰코다친 셈이다.

　승우는 마음이 여려 친구한테 맞으면 별다른 맞대응도 하지 않았다. 대화를 해보면 이런 식이다.

　"너는 왜 맞고도 가만히 있었어?"

　"내가 그애를 때리면 아프잖아요."

　상대가 아플까 봐 오히려 걱정하는 성향을 가진 아이였다. 나는 그런 아이를 보며 '쟤가 저러다 나중에 크면 따돌림을 당하지 않을까'라는 은근한 걱정까지 앞섰다. 하지만 세상은 그렇지 않았다. 그애는 초등학교 내내 반장을 도맡아 하고 중학교에 들어가 인기상도 타왔다. 당시 인기상이란 반 친구들 전체가 투표해서 주는 상이었다. 안심이었다.

　아이를 키우는 부모는 항상 걱정이다. 남이 내 아이를 어떻게 평판하는지에 귀 기울이기도 하고 아이가 친구들과 잘 어울리며 잘 적응하길 원한다. 하지만 아이마다 특색이 있고 각기 다르다. 때문에 사회가 내 아이를 어떻게 평가하는지에 일일이 예민해질 필요가 없다. 아직 그 아이가 완성된 단계가 아니고 한창 자라는 중이기 때문이다. 나이가 들고 성인이 된 이들은 변화에 상대적으로 둔감하고 성향도 쉽게 바뀌지 않지만, 성장중인 아이들은 오늘과 내일이 다르다.

송나라의 사상가 장자의 책에 '학의 다리가 길다고 함부로 자르지 마라'라는 말이 있다. 세상 모든 것은 자신에게 맞는, 자신만의 타고난 성질을 가진다. 이 세상에 나란 존재는 하나다. 남들이 하는 방법이 무조건 정답인양 쫓지 말고 적절히 취사선택하되 자신만의 개성을 길러야 한다. '나다움'이 필요하다.

아이들은 여러 번 변한다. 오리의 다리가 짧다고 억지로 늘리면 안되고, 학의 다리가 길다고 근심할 일도 아니다. 긴 것은 긴 것대로 의미가 있고, 짧은 것 역시 그 이유가 있다. 그 차이를 인정해야 한다. 그렇게 하면 근심거리도 없을 것이다.

예를 들어 공부에 관심이 없는 아이를 부모가 마구 종용하면 아이는 낙담하고, 괴로워진다. 아이가 원하는 것이 공부만이 아닐진대, 공부를 잘해야만 인생이 행복해진다는 생각으로 아이를 꾸짖고 나무란다. 부모의 할 일은 아이를 강압할 게 아니라 아이가 가진 재능을 발견하도록 한 발 물러서 돕는 데 있다. 사람은 타고난 재능을 펼치며 살아야 한다. 없는 재능을 만들기도 힘들고 있는 재능을 도외시해서도 안 된다.

승우의 문제는 결국엔 시간이 해결해 주었다. 네 살 어린 나이이기에, 경험이 적기에, 성향 때문에 적응이 느린 것을 보고 어른 입장에서 애를 섣불리 판단해서는 안 된다. 아이들은 모두 이후의 가능성이 무궁무진하다. 아이의 범주를 좁히지 말아야 한다. 아이가 가진 본성을 잘 살려 자기만의 노하우를 학습할 때 경쟁력이 생긴다.

02

—

안전 속에
위험이 도사리고 있다

거실 장식대에 놓아두고 애지중지하던 도자기가 있었다. 어느 날 큰아들 승우가 실수로 넘어뜨려 깨뜨리고 말았다. 세 살 때 그 일을 겪은 승우는 그 이후에도 다른 뭔가를 깰까 봐 조심하는 모습이 역력했다.

어리지만 깨진 도자기의 귀중함과 그것을 깨뜨렸을 때 위험하다는 것을 아는 듯했다. 아이들에게도 직감이 있다. 특히 몸소 체험한 것에 대해서는 더욱 그렇다. 어른들은 흔히 아직 미숙한 내 아이가 혹 실수라도 할까 봐 사전에 각종 위험 요소를 차단하는 데 급급하다. 뜨거운 것에 혹시라도 데일까 봐 아예 아이들을 접근조차 시키지 않는다. 그러기보다는 아이가 직접 느끼게 하는 게 좋다.

예를 들면 밥을 담은 그릇에다 아기의 손가락을 살짝 갖다 대며 뜨거운 느낌이 무엇인지 알려주는 것이다. "뜨겁다"라는 단어를 함께 얘기해줘야 한다. 이렇게 하면 조그만 아기도 뜨거움을 인지하고 이후부터는 주의를 기울인다. 안전한 한도 내에서 경험의 폭을 넓혀

주는 게 좋다. 만약 아이가 안전 지대에서만 자란다면 스스로 체험할 수 있는 탐색의 기회를 부모가 막는 것이나 다름없다.

실수란 성장 과정에 따르는 소중한 경험 중 하나이다. 공장에서 공정 코스마다 부속품을 빠뜨리지 않고 잘 조립해야 성능 좋은 자동차가 완성된다. 우리 아이들도 직접적인 경험과 실수를 통한 보완이 잘 조합되어야 성숙한 사람으로 성장할 수 있다.

갓난아기를 옆에 두고 부부싸움이라도 한다면 아기도 덩달아 시무룩해짐을 느낄 수 있다. 희한하게도 태중의 태아까지도 그것을 감지한다고 한다. 자신의 불편한 감정을 타인에게 알려 자신을 보호하려는 보호 본능을 가지고 있는 것이다. '아기니까 아직 아무것도 모를 거야'라는 안일한 생각은 통하지 않는다.

연구 결과에 따르면 갓난아이가 오히려 아픔으로 인한 고통을 더 느낀다고 한다. 아기라서 단지 표현하지 못할 뿐이다. 인간은 감정의 동물이다. 갓난아기도 희로애락을 갖고 태어난다. 아이의 감정이나 행동을 성인 부모의 관점으로만 판단해서는 안 된다. 갓난아이도 존중해야 할 하나의 인격체임을 자각할 필요가 있다.

아이를 키우며 부모는 내 아이가 혹 뒤쳐질까 두려워 여러 가지를 주입시킨다. 투자한 만큼 성과를 내주길 기대하며 말이다. 과연 옳은 방향일까? 기계라면 주입한 만큼 산출이 가능할 테지만 사람은 그렇지 않다.

"아이에게 뭔가를 가르쳐 주는 것은 아이 스스로 그것을 발견할 수 있는 기회를 영구히 빼앗는 것이다." 스위스의 심리학자이며 어린이의 인지발달 연구의 선구자인 장 피아제의 유명한 어구다. 부모가 아이에게 직접적으로 주입하는 학습방식의 비중을 현재보다 적게 할 필요가 있다.

가르치지 않을 용기를 가진다면 아이 스스로의 체득을 통해 더 많은 걸 얻을 수 있다. 놀이처럼 재밌게 학습할 기회를 주고 스스로 터득해 성취감에 푹 빠지게 한다면 최고의 교육이 될 것이다. 어릴수록 부모의 개입은 줄이고 자연, 책, 사람, 사물을 통해 자연스럽게 알아가게 하는 게 바람직한 태도가 아닐까. 대개 부모들은 공부에는 관심이 많은 반면 가장 중요한 인생살이 기본을 다지는 데는 소홀한 편이다.

유대인 부모는 실용적인 기술을 가르치고 실제로 경험하게 해 자녀에게 거친 세상에서도 살아남을 수 있는 생존 능력을 키워주려고 노력한다. 등산을 예로 든다면 아이 스스로 지도를 보면서 등산 루트를 선택하게 하고 준비물은 어떤 것이 필요할지, 음식과 음료수는 얼마나 가져갈지 등을 직접 결정하게 하는 것이다.

유대인은 머릿속에 담길 지식 못지않게 손으로 익힐 수 있는 기술을 함께 가르쳐야 한다고 생각한다. 자기가 먹을 밥도 짓지 못하는 사람은 학문을 배울 가치가 없다고 유대인 엄마의 힘 저자 사라 이마스는 말한다. 이처럼 홀로서기의 기본은 가정에서부터 이뤄짐을 명심하자.

대부분의 부모는 자식 사랑이 지극하다. 혹 다칠까 깨질까 상처 입힐까 정성껏 자식을 키운다. 그것은 부모의 보호 없이는 생존이 불가능한 젖먹이 때까지만이다. 그 후부터는 어른으로 살아갈 인생의 기초를 다지는 기간에 속한다.

험난한 세상에서 살아가려면 어려서부터 실수를 통해 다시 일어서는 경험을 주고, 소소한 작은 성공을 되도록 많이 체험하도록 해야 한다. 실수해도 괜찮은 시기이다. 성인이 된 이후에도 수없이 경험하게 될 실패 경험에서 좌절하지 않도록 토대를 쌓아줘야 한다.

부모님의 안전한 보호속에서 자녀를 머물게 할 수 있는 시기는 한정적이다. 잔잔한 바다에서만 항해하던 선장은 자그마한 파도에도 휩쓸리기 마련이다.

03

—

학교를 배신한 아이,
어떻게 될까

"아무리 그래도 졸업장은 있어야 하잖아요. 이게 무슨 날벼락이 래요"

몇 해 전 대학생 엄마가 상담해 왔다. 자녀가 명문 대학 소프트웨어 학과에 수시 입학해 대학원까지 보장받았다고 했다. 1학년 한 학기를 넘기던 어느 날, 갑자기 애가 학교를 그만두겠다고 했다. 그 엄마는 대학 졸업장 없이 살 아들만 생각하면 머리가 아프다고 했다. 아들과 실랑이를 벌이다가 하도 답답해 문의한다며 걱정스레 말했다.

학벌을 중시하는 우리 사회에서 대학을 중도하차 하려는 아이를 반길 부모는 없을 것이다. 그것도 가기 어렵다는 대학을 장학생으로 입학했는데 말이다. 이야기를 들어보니 아이는 컴퓨터를 매우 잘 다뤘다. 이미 초등학교 3학년 때부터 소규모의 게임을 직접 만들었고, 고등학교 때 프로그래밍 언어인 '자바' 등을 혼자 섭렵했다. 관련된 대회의 각종 상을 휩쓸었을 뿐 아니라 고교시절 당시 그의 블로그를 보고 흥미를 보인 회사도 있을 정도였다.

"대학에 가니 전공과목은 이미 다 아는 거라 더 이상 배울 게 없대요."

엄마의 염려와는 달리 아이는 누군가의 도움 없이 스스로 성장하는 케이스였다. 중퇴하려는 마음 저편에 또 다른 이유가 있음을 짐작할 수 있었다. 나는 먼저 어머니를 위로하며 정선주 작가가 쓴 『학력 파괴자들』이라는 책에 나오는 이야기도 잠깐 나눴다.

학교를 배신하고 열정을 찾은 이들은 많았다. 에디슨, 아인슈타인, 라이트 형제, 링컨, 앤드류 카네기, 헨리 포드, 스티브 잡스, 빌게이츠, 마크 저커버그, 래리 엘리슨, 마이크 탭 등이 모두 중퇴자다. 진정한 창의력은 학교 밖에 있음을 입증한 사람들이다.

"그 책에서 보듯이 요즘 학교를 그만두는 아이들이 종종 있어요. 학교를 박차고 나온다고 누구나 성공하는 게 아니죠. 평소 하고 싶었던 열망이나 꿈이 뚜렷한 아이들이 결국 성공하지요. 자제분이 가진 열정과 도전 정신은 최고의 장점에 속할 수 있어요."

마이크로소프트의 빌 게이츠의 경우도 고교 때 이미 컴퓨터에 두각을 나타냈다. 하버드 대학에 입학 후 중퇴하고 친구인 폴 앨런과 창업했다. 그 형태가 상담자의 아들과 거의 흡사했다. 세계 첨단산업을 주도하는 실리콘밸리에서는 이미 학력 파괴 바람이 거세다. 학력이 아닌 실력의 중요성을 깨달았기 때문이다. 가장 혁신적인 기업 환경을 가진 회사로 평가받는 구글도 대학 졸업장이 없는 직원을 능력만 충분하다면 채용하고 있다.

상담 후 몇 년이 지난 어느 날, 그 엄마가 점심 식사를 하자고 연락이 왔다. 27세 된 아들이 같은 회사 능력 있는 여직원과 결혼 날짜를 잡았다며 기뻐했다. 그사이 아이는 회사를 창업했고 나날이 발전했다고 한다. 자산관리 관련 앱을 개발하는데 개발자만도 무려 300여 명이라고 했다. 지금은 모 대기업에서 그 회사를 인수하려고 수백억 원을 투자한 상태란다.

사업도 성공하고 결혼도 성사되어 엄마는 기뻐 보였다. 다른 아이들이 가지 않은 길을 어렵사리 선택한 그 아들이 남다른 삶의 모델을 만들어낸 셈이다. 그 길을 홀로 가기까지 얼마나 불안하고 힘들었을까. 그럴수록 모험심과 탐구력은 빛을 발하기 마련이다. 그걸 극복하는 사람이 성공할 수 있고 사회를 변화시킨다.

"사실 노심초사했어요. 남들은 다 학교에 잘 다니는데 우리 아들만 엉뚱한 짓을 하나 싶어 편한 날이 없었으니까요."

영리한 그 아이는 대학을 중퇴한 후 부모도 모르게 자신만의 인생 준비를 차곡차곡했다. 이미 그는 MOOC를 통해 미국 스탠포드대학 등 강의 수료증도 땄다. MOOC란 '온라인 공개 수업(Massive Open Online Course)'을 말한다. 수강 과목 성적이 거의 A+이었다. 그는 미래 인재 조건을 갖추며 스스로 크는 아이에 속했다. 어떻게 그럴 수 있었을까?

아이가 어릴 때부터 열렬히 공부하던 엄마의 모습을 보며 자랐다. 집안의 공부 분위기나 주변 환경이 중요한 이유다. 상담자의 아들은 말도 못하던 갓난이 때부터 엄마의 책 읽어주는 소리를 가장 좋아했다. 자장가로 들을 정도였다. 초등학교 저학년 때까지도 쭉 그랬다. 엄마가 피곤해 책을 대충대충 읽어주는 날이면 바로 알아

채고 투정 부리곤 했다.

영어를 잘하기까지 스스로 방법을 터득해 나갔다. 영어 관련 TV 방송을 보며 독학했다. 기특하게도 어릴 때 부모와 외출해서도 그 시간이 되면 그걸 챙겨 듣길 원해 서둘러 귀가하곤 했다. 중학교 시절에는 탐정 소설을 써보기도 하고 대학 재학 중에는 스타트업에 발을 내딛었다. 그런 수많은 열정 에너지가 어디서 나올까.

책과 탐구 속에 담겨 있었음을 부인할 수 없다. 빌 게이츠도 "내 아이들에게 당연히 컴퓨터를 사 줄 것이다. 하지만 그보다 먼저 책을 사 줄 것이다."라고 말했다. '컴퓨터 황제'로 통하는 그도 컴퓨터보다 책이 어린 시절 꿈과 상상력, 창의력을 키우는 데 더 중요한 무기라고 생각했다.

앨빈 토플러는 미래에 대한 예측의 중요성을 원시 부족에 비유하여 제시한 바 있다. "아프리카의 원시 부족이 강을 따라 살고 있었어요. 강 상류에 거대한 댐이 지어지는 거예요. 원시 부족은 그걸 모르는 채로 강에서 물고기를 잡는 법, 카누를 만드는 법, 농사짓는 법을 계속 자식들에게 가르쳤어요. 그러다 댐이 만들어지자 이 원시 부족과 문명은 흔적도 없이 사라졌습니다." 우리 아이들이 정해진 틀 밖에서 미래사회의 역량을 갖출 필요가 있음을 시사한다.

04

—

생떼 부리는 아이,
왜 그럴까

큰아들 승우가 7살 때 일이었다. 시장에 갈 일이 있어 아이와 함께 외출했다. 마침 장난감 가게 앞을 지나가는데 평소 장난감을 좋아하던 승우가 그곳으로 내 손을 잡아끌었다.

"엄마, 저 자동차 갖고 싶어요."

"안 돼, 집에도 비슷한 거 있잖아. 매주 장난감 대여점에서 다른 걸로 바꿔주는데 뭘, 자동차 말고 저기 저 고리 던지기는 어때?"

아이는 그 자동차가 갖고 싶어 다른 것은 눈에 보이지도 않았다. 막무가내로 떼쓰기 시작했다. 꾸중과 달래기를 번복하다가 지친 나는 아이보다 먼저 장난감 가게에서 그냥 나와버렸다. 아이는 울면서 나를 따라 왔다. 집에 가려는 버스 정류장에서까지 계속 칭얼댔다.

"아이고, 얘야 이것 먹고 울지 마."

길가에서 쥐포를 파시던 할머니가 승우가 우는 모습이 안쓰러웠는지 쥐포 하나를 재빠르게 구워 건네며 달래셨다. 아이를 키우며 아이와 실랑이를 벌이는 일은 흔하다. 어떤 아이는 아예 길바닥에까지 드러눕는 경우도 있다. 아이들이 왜 이런 행동을 할까. 부모는 떼를 쓰는 아이들로 골머리를 앓곤 한다. 아이는 자신의 요구가 받아들여지지 않으니 몸으로 생떼를 부리는 것이다. 왜 내 아이가 저럴까, 잘못 가르친 걸까 자책하기 쉽다. 그럴 때 아이에게만 전적으로 원망과 책임을 돌려야 할까? 그동안 아이와의 관계는 어땠는가를 먼저 생각하게 된다. 과연 해결책은 있는 걸까? 어린아이와의 갈등은 부모를 지치게 한다.

"너 엄마랑 약속했었지? 네가 원하는 물건을 가지려면 생일날이나 특별한 때 가질 수 있다고 말했잖아…"

특별한 날을 정한 후 아이의 요구를 들어주는 습관은 아이의 인내심을 기른다. 갖고 싶은 물건이 꼭 필요한지를 스스로 차분히 생각하는 점검 기회이기도 하다. 시간이 흐르다 보면 그 당시에 꼭 필요하다고 생각했던 게 시시해질 수도 있고 집에 있던 것과 겹칠 수도 있다. 습관은 후에 아이의 소비 패턴에도 많은 영향을 끼친다. 어릴 때부터 절제와 그 필요성을 가르쳐야 한다.

아이와의 약속은 인내와 심사숙고하는 법을 기르는 좋은 경험이다. 부모가 일관성을 갖고 지킨다면 아이도 부모에 대한 믿음이 생긴다. 서로 신뢰하는 관계가 만들어지면 아이는 떼쓰기를 줄이고 부모를 믿고 자신이 원하는 것을 가질 수 있는 시기까지 인내할 수 있게 된다. 어린아이라도 이해와 신뢰를 통해 자신을 절제할 수 있게 된다. 부모가 제공하는 인격적인 배려와 따스함이 깔려 있어야만 가능한 일이다.

세간에 흔히 알려진 마시멜로의 효과나 다름없다. 맛있는 마시멜로를 금방 먹어 치우는 아이와 아껴서 조금씩 계획적으로 먹는 아이와의 비교 연구가 그것이다. 연구 결과, 성인이 되었을 때 그들의 성취도가 달랐다. 마시멜로 먹기를 참지 못한 아이보다 참은 아이는 더 성공적인 삶을 사는 경향을 보였다. 그와 무관하다는 최근 연구 보고서도 나왔지만 두 실험 모두 어느 정도 수긍이 간다.

습관도 연습에 의해 만들어진다. 아무리 어리더라도 부모와의 대화를 통해 신뢰를 확인한다면 아이는 얼마든지 달라질 수 있다. 부모의 칭찬과 격려는 행동 변화의 촉매제가 될 수 있다. 대화와 타협, 설득이라는 능력을 어려서부터 쌓는다면 아이는 훨씬 더 이성적인 판단과 비판적 사고를 키울 수 있다. 사소한 것이 쌓여 큰 성취로 이어진다. 거대한 성과는 작은 것들의 축적일 뿐이다.

만약 부모가 욱하는 마음에 화내며 꾸짖고 일방적인 명령과 지시로 임한다면 아이의 반항 기질이 강화되고 만다. 아이를 잘 기르려면 내 아이를 관찰하고 격려하며 기다려주고 응원해 줘야 한다.

부모가 아이를 대하는 태도를 보면 급박한 때일수록 자신의 부모로부터 받은 환경 반경에서 크게 벗어나지 못하는 경우가 많다. 즉흥적 태도를 보이는 대부분은 그렇다고 볼 수 있다. 부모의 양육 방식은 아이에게 그대로 대물림되기 때문이다.

아이와의 수평적 대화, 잘못에 대한 허용, 있는 그대로 인정해 주기, 아이의 마음을 마음껏 표현할 수 있는 환경 만들어주기가 필요하다. 이는 어린 자녀를 가진 가정이나 성인 자녀를 둔 가정이나 예외없이 적용할 항목이다.

아이를 키우며 좋은 습관을 들이기 위해 부모는 무던히 애쓰지만 억지 부리며 떼쓰고 우는 아이 때문에 부모는 감정이 상하곤 한다. 악순환의 연속이다. 돌이켜보면 부모의 강압적 지시로 인한 경우가 많으며 아이에게 무조건적으로 따르기를 강요하는 경우가 대부분이다. 우선 아이의 의견도 성의껏 들어보고 부모가 거절하는 이유를 아이에게 자상하게 설명해 납득이 가도록 심혈을 기울이는 노력이 필요하다.

아이의 처지와 기분을 잘 살피며 좋은 습관 길들이기에 도전해 보자. 한 번 굳어진 습관을 고치긴 그리 쉽지 않다. 그렇다고 마냥 놔둘 순 없기에 부모가 먼저 변화를 시도해야 한다. 아이와 기분 좋게 시작한 나들이가 끝까지 잘 마무리되는 경우란 생각보다 그리 많지 않다. 어린아이는 분별력 있는 성인이 아니다. 그러한 기대는 잠시 접어두자.

평상시 부모와 아이, 부부간의 좋은 관계가 바탕이 되어야 한다. 부모가 자녀에게 합리적이고 설득력 있게 가르침을 준다면 나중에 그 아이도 좋은 부모가 될 것이다. 자녀는 부모의 등 뒤를 보고 자라니까.

05

—

홀로서기
해야 하는 이유

홀로서기에는 두 가지가 있다. 정신적 자립과 경제적 자립이다. 이는 하루아침에 이뤄지는 게 아니다. 어려서부터 차근차근 쌓여 만들어지는 결과물이다. 아이를 키우는 건 부모의 의무이자 권리다. 아이를 양육하며 속상하고 힘들 때도 많고 행복과 기쁨을 겪을 때도 있다. 희로애락을 다 겪는다.

만약 그런 과정이 없다면 지금도 애나 마찬가지일 것이다. 사실 자녀를 기르며 배우는 게 참 많다. 자녀 못지않게 부모 역시 크게 성장한다. 상생의 원리다. 좋은 관계는 가정에서도 통한다. 그것을 알지만 우를 범하는 경우가 많다. 특히 부모와 자식 간은 그 간극이 희미하다. 때문에 마치 자기 소유물인 양 여기기 쉽다.

아직도 정신적 탯줄을 자르지 않아서다. 그게 어디까지 이어질까? 잘못된 양육의 고리를 내가 지금 끊을지 말지는 본인에게 달려있다. 그 속성이 단순하지 않다. 인간에겐 자신이 본 바를 그대로 답습하는 무의식이 존재한다. 인간은 사회적 동물로 보면서 배운다.

원숭이도 그렇다. 아프리카 어미 원숭이가 돌로 굴을 깨 먹는 모습은 신기하다. 그 광경을 본 새끼원숭이도 그대로 따라 한다. 탐구 대원은 다른 지역의 원숭이 행동도 관찰하기 위해 굴 덩어리를 다른 지역의 원숭이가 지나치는 길목에 살짝 갖다 놓았다. 그곳의 원숭이들은 굴을 그저 스쳐 지나칠 뿐 별다른 행동을 보이지 않았다. 굴의 맛도 모를 뿐더러 그것을 먹는 방법에 대해 학습하지 않아서다.

우리는 흔히 자기도 모르게 부모의 안 좋은 모습까지도 닮는다. 양육의 나쁜 연결고리를 과감히 끊지 않으면 내 자식도 그대로 닮아간다는 말이다. 은연중에 배우는 게 상당수이다. 아이를 잘 키우고 싶어 최상의 것을 입히고 먹이면서 정신적인 습관은 최하의 것을 물려준다면 슬픈 일이다. 요즘은 결혼해 마흔 살이 넘은 자식도 일흔 살 부모한테 의지하고 벗어나지 못하는 경우도 더러 있다. 왜일까? 여러 이유가 있겠지만 홀로 세우기를 하지 못해서다.

예를 들어보자. 자녀가 출가하면 결혼과 동시에 남남이 되어야 함에도 불구하고 어린애처럼 여기고 염려한다. 결혼한 자식을 간섭하고 각종 요구를 하려 한다면 그들은 쉽사리 독립 가정을 이루지 못할 것이다. 진정 자식을 사랑한다면 자율성과 인격까지 존중해야 한다. 누구에게나 잘하려는 의지와 계획이 있다.

어려서부터 자립심을 기르고 역경을 이겨내는 훈련이 필요하다. 홀로서기의 연습이다. 아기 새는 어미 새로부터 약 15,000여 마리 애벌레를 얻어먹고 자란다 한다. 그 후로는 둥지를 떠나 누구의 도움도 없이 홀로 비상하게 된다. 둥지를 떠나지 못하는 새는 낙오하게 된다.

자식을 잘 기른다는 건 무엇일까? '홀로서기'를 잘하도록 돕는 일이다. 부모가 관여하지 않아도 헤쳐나갈 수 있도록 연습시켜야 한다. 부모는 자녀가 잘되라는 의미로 잦은 잔소리와 불필요한 간섭과 과보호를 하곤 한다. 오히려 그것이 자녀의 홀로서기에 역효과를 낸다면 얼마나 후회스런 일인가.

지나친 걱정을 내려놓을 때 부모도 아이도 진정한 자유인이 된다. 진정한 자유는 나도 상대도 편한 상태를 말한다. 그렇지 않은 경우도 많다. 지인 아들의 경우, 25살 때 어머니가 암으로 갑자기 사망하였다. 그는 충격에 식음을 전폐하다시피 하며 힘들어했다. 잠시 그러려니 했는데 우울증까지 생겨 생활에 지장받을 정도였다.

그는 자신이 꿈꾸던 일을 하기 위한 공부도 소홀히 하고 매사 의욕이 저하되었을 즈음 나와 상담했다. 어린아이뿐만 아니라 성인도 정신적 자립을 하지 못해 괴로운 경우가 많다. 대개 나이 들어서도 부모가 모두 세상을 떠나면 고아가 된 듯 허전하다는 말을 많이 한다. 그동안 알게 모르게 부모가 정신적 지주 역할을 한 것이다. 물론 그 의지하는 힘은 떼려야 뗄 수 없는 자연적인 현상이다. 조금 잔인한 말일지 모르나 부모와 언젠가는 이별하게 된다. 각자 그 시기가 다를 뿐이다. 어떤 어려움이 와도 홀로 비상할 힘을 조금씩 길러줄 필요가 있다.

06

—

고르디우스의 매듭

몇 년 전 모 교육청 주관 초청 강연이 있었다. 자녀교육에 관해 네 분의 연사를 모셔 일주일 간격으로 릴레이 강연을 하는 테마 기획이었다. 나는 셋째 날 강연자였다. 200여 명의 유초중고생 학부모들과 교육 관련자들이 주였다. 내 강연 주제는 '육아에 철칙은 없다'였다.

그날따라 운전하며 강연장으로 가는 길목이 공사 중이라 막혔다. 마침 라디오에서 아름다운 멜로디와 함께 '고르디우스의 매듭 이야기'가 흘러나와 감명깊게 들었다.

고대 소아시아의 프리기아란 나라가 내란으로 혼란할 무렵, 이륜마차를 타고 오는 첫 번째 사람이 나라를 구하고 왕이 되리란 신탁에 따라 가난한 농부였던 고르디우스가 왕으로 추대됩니다. 왕이 된 그는 자신이 타고 온 마차를 제우스 신전에 봉안하고 복잡한 매듭으로 묶어 둡니다. 이 매듭을 푸는 사람이 아시아의 지배자가 되리라는 신탁을 함께 내리지요.

 그 후로 수백 년 동안 많은 사람들이 아시아의 지배자가 되기 위해 매듭 풀기에 도전합니다. 아무도 성공하지 못합니다. 어느 날 약관의 알렉산드로스가 나타나 단칼에 매듭을 잘라 버립니다. 알렉산드로스는 결국 신탁에 따라 아시아의 지배자가 됩니다.~

아무리 애써도 해결하지 못하는 복잡한 문제를 남들이 생각지 못한 대담한 방식으로 단번에 해결한다는 의미로 자주 인용되는 '고르디우스의 매듭' 이야기다. 사실 더 흥미로운 점은 그다음부터다. 꽁꽁 매어둔 매듭을 풀지 않고 그냥 싹둑 잘라버렸기에 매듭은 여러 조각으로 나뉘었다. 정복 전쟁으로 수많은 사람이 죽었으며 33살 약관의 나이에 갑작스런 죽음을 맞은 알렉산드로스 이후 제국도 이 매듭처럼 3개로 나뉘었다.

이처럼 우리가 살면서 문제가 잘 해결되지 않을 때 단칼로 끊어버리려는 생각에 사로잡히기 쉽다. 우리 삶에 그런 식으로 간단명료하게 해결할 수 있는 문제는 드물다. 오히려 그렇게 했다가 다른 문제가 더 불거질 수도 있다. 제대로 문제를 풀고 싶다면 매듭이 상하지 않도록 끈기 있게 매달려 하나씩 푸는 수밖에 없다.

자식이란 '애물단지'라고 했던가. 자식을 키우다 보면 예상치 못한 일들로 관계가 꼬여 악화되는 경우가 있다. 부모들은 그럴 때 욱하는 성질을 참지 못해 꾸짖고 아이를 탓한다. 그럼으로써 의욕의 싹마저 싹둑 잘라버리고 만다. 그러다 좀 이성이 돌아오면 '내가 참

잘못했구나'라고 후회하며 육아서를 꺼내 읽고 저자 강연장을 찾으며 반성 모드 내지는 새로운 각오로 아이를 맞곤 한다.

강연장에서 만난 대부분 부모들은 한결같이 육아서나 강연자의 말대로 키울 수 없음을 자책한다. 강연 들은 후 한 3일 정도는 약발이 듣다가 도로 아미타불이 된다고 한다. 그건 당연한 이치로 습관 관성의 법칙이 아닌가라고 생각하자. 주지할 점은 아이가 처한 조건과 환경이 각기 다름을 인정해야 한다.

남들처럼 키우려다 큰코다치는 이유다. 남이 장에 간다고 무턱대고 따라가는 목적 없는 일과도 흡사하다. 그것을 일깨우리라는 위로의 마음으로 가끔씩 아직 젊은 부모들에게 정통 육아법과 달리 정반대로 말하곤 한다.

"남들이 좋다는 육아법도 내 아이와 맞지 않으면 말짱 도루묵이에요. 오히려 독이 될 수도 있죠. 진정으로 좋은 육아란 케이스 바이 케이스로 내 아이에게 맞는 맞춤 육아입니다. 그 무엇보다 중요한 것은 할머니의 사랑처럼 조건 없는 사랑이 바탕에 깔려야 하구요. 세간에 떠도는 좋은 부모, 좋은 육아법은 참고는 하되 현혹되지는 말자구요. 고정 틀에서 벗어날 때 비로소 내 아이의 속살이 보이거든요. 곡선의 사고가 성공 육아로 가는 지름길이 될 수도 있으니까요."

흔히 아이와 풀기 어려운 복잡한 문제가 발생하면 보통 어떤 생각들을 하는가. 기존의 생각을 바꾸면 간단하다. 다시 말해 발상의 전환이다. 예를 들어 가르치기에 힘쓰라 대신 가르치지 않을 용기를 주문하는 편이다. 강의가 끝난 후 50대 초반 어머니가 아이 때문에 상담 신청을 했다.

"제 아이가 고2 여학생인데 이성 간에 사고를 쳐 임신했고 정학 당할 위기에 몰렸어요."

상대는 옆 반 남자 친구인데 그 애 부모는 여자아이를 적극 옹호 해 받아들이겠다고 한단다. 민며느리처럼 이참에 데려와 아이를 유 학시킬지, 다른 지역으로 전학시킬지 의견이 분분해 골머리가 아프 다며 이렇게 말했다.

"아, 이건 제 아킬레스건이고 고르디우스의 매듭이에요."

심각한 문제가 돌출하면 옆집 엄마나 주변 사람들에게 조언을 구 하거나 고르디우스의 매듭처럼 단칼에 잘라버리려는 생각을 최상 단에 둔다. 어떤 경우든 부모 자신의 내공이 탄탄하지 않으면 갈대 처럼 흔들릴 수밖에 없다. 더구나 애지중지 키운 자식 일은 더 그 렇다.

아이와의 껄끄러운 마찰에서도 비슷한 방식으로 작동하리라. 커 가는 아이의 문제는 단순한 게 아니다. 물론 단번에 해결해야 할 맹 장 수술과 같은 문제는 예외다. 하지만 제대로 문제를 풀고 싶다면 내 손으로 매듭을 일일이 풀 수밖에 없다. 언제나 아이가 주체가 되 어 순리대로 문제를 풀어가고 있다는 흐름을 이어가야만 한다. 그 런 시간이 쌓인다면 서로의 마음을 상하지 않고 불편한 매듭을 온 전하게 풀 수 있을 것이다.

자식을 낳아 20~30여 년 양육한다. 그 세월이 긴 것 같지만 지 나고 보면 눈 깜짝할 새다. 반성도 많다. 아이가 다섯 살 적에 부모 인 내가 그렇게 했었더라면 하는 아쉬움이 남는 게 인지상정이다.

부모도 신이 아닌 이상 실수와 부족함 투성이다. 다행히 아이를 키우며 부모도 조금씩 성장해 도인(道人)이 되어간다고나 할까.

우리는 때론 고르디우스의 매듭을 품에 안고 안절부절못할 때가 있다. 아이를 기르는 데도 직선처럼 용단을 내려야 할 때가 있고 곡선의 지혜와 인내와 식견이 필요할 때가 있다. 여러분에게 풀어야 할 '고르디우스의 매듭'은 무엇인가.

4장

열정

passion

"인생은 하나의 실험이다,
실험이 많아질수록 당신은 더 좋은 사람이 된다"
-랄프 왈도 에머슨

01

—

아이만 빼고
다 바꿔라

삼성의 고 이건희 회장이 "마누라와 자식만 빼고 다 바꿔라"는 '신경영 선언'을 한 지 28년이 지났다. 신경영 선언은 기업 혁신과 발전을 위해 모든 것을 바꾸라는 선언이자 삼성의 변화가 시작되는 신호탄이었다.

그 말을 패러디해 '아이만 빼고 다 바꿔라'라는 '신교육 선언'을 제안한다. 미래 성장의 기회는 급변하는 변화의 발판에 무사히 안착하느냐 마느냐에 달려있다. 빠른 것이 느린 것을 잡아먹는 세상에 머뭇거릴 새가 없다. 쇠뿔도 단김에 빼라 하지 않았던가.

우리나라 부흥기에 삼성을 빼놓을 수 없다. 그만큼 변화가 절박했다는 뜻이다. 삼성은 변화를 위해 한 방향으로 움직이며 IMF를 극복했다. 그렇게 힘든 변화 과정을 거쳐 지금에 이르렀다. 현재 삼성은 일류를 넘어 세계 초일류 기업으로 도약했다. 실적과 기술력뿐만 아니라 브랜드 가치도 세계적인 수준이다.

이것 못지않게 시급한 것은 교육의 변화이며 우리 아이들과 밀접

한 관계인 부모의 변화다. 세계적으로 우뚝 선 삼성의 대변신을 교훈 삼아 우리 부모나 교육 관계자도 변해야만 아이들의 세계적인 경쟁력을 갖출 수 있다. 미래 전문가들은 우리가 그간 믿어오던 성공방정식을 깨고 있다. 앞으로 우리는 로봇과 인공지능이 만드는 자동화로 기계 혁명을 맞이할 것이라고 한다. 이러한 때 우리의 교육 시스템도 변화해야 한다.

빌 게이츠도 '향후 10년 후의 변화가 지난 50년의 변화보다 클 것'이라고 이야기했다. 지금 학생들이 대기업 취직이나 전문직 종사에만 목표를 둔다면 10년~ 15년 사이에 일어날 변화는 가히 충격으로 다가올 것이다. 미래를 내다보고 실천한다면 '스프링벅' 신세는 되지 않으리라.

아프리카 칼라하리 사막에는 '스프링벅'이라는 소과 동물이 산다. 보통 20~ 30마리씩 소규모로 평화롭게 무리 지어 다닌다. 어떤 때는 수만 마리가 떼 지어 이동한다. 그러다 스프링벅 수만 마리가 한꺼번에 낭떠러지로 떨어져 죽는 일이 일어나기도 한다.

많은 무리가 한꺼번에 이동할 경우 앞의 무리만 먹이를 뜯어 먹는다. 뒤따르는 무리는 밟아버린 풀이나 먹다 만 풀만 뜯어 먹어야해 굶기 일쑤이다. 뒤에 처진 스프링벅들은 풀을 뜯어 먹으려고 앞으로 나가려고 한다. 그러면 앞의 무리는 뒤처지지 않으려고 속도를 낸다. 서로 앞서가려다 싸우게 되고 속도는 점점 빨라진다.

풀을 먹으려던 본래의 목적은 사라지고 이제는 먼저 앞서가기 위해 정신없이 내달리기만 한다. 낭떠러지가 나타나도 속도를 멈추지 못하고 뒤따라오는 무리에 휩쓸려 함께 떨어져 죽고 만다. 목표를 잃고 경쟁한 대가는 처참하기 그지없다. 기존의 경쟁 방식에서 벗어나 앞을 내다볼 줄 아는 선견지명이 필요하다.

교육 시스템 변화의 실천을 기대하기까지는 너무나 느리기에 부모부터 시급히 변해야 할 시점이다. 그렇지 않으면 우리 아이들 미래가 불투명하다. 머뭇거리다 보면 현상 유지는커녕 자연 도태다. 우선 이기심을 경계할 필요가 있다. 친구들과 지나치게 경쟁하다 자신이 나아갈 방향을 잃어버리거나 목표가 무엇인지조차 모른 채 열정을 쏟는다면 스프링벅과 같은 일이 생길 수 있다.

우리는 이 시점에서 반드시 의문을 가져야 한다. 여전히 구시대적 시스템 유지에 급급한 교육이 과연 학생들에게 미래를 제대로 준비시킬 수 있을까? 급변하는 시대에 지식의 양은 기하급수적으로 늘고 있다. 문제는 어제 배운 지식마저도 오늘 쓸모없어진다는 사실이다.

이제 성적 지상주의 경쟁 우위에서 벗어나 뭔가를 잘하는 숙달된 능력과 문제 해결력을 중시하며 인성 좋은 아이로 성장하도록 유도해야 한다. 그게 바로 기계가 하지 못할 부분이다. 그러려면 아이만 빼고 주변 환경인의 1인자인 부모의 의식부터 최우선적으로 바뀌어야만 한다. 부모의 등 뒤를 보고 자라는 아이 역시도 자연스레 바뀔테니까.

삼성의 이건희 회장은 1993년 6월 7일 독일 프랑크푸르트에서 "지금 변하지 않으면 2류 내지 2.5류, 잘 해봐야 1.5류까지는 갈 수 있는지 모르겠다. 그러나 1류는 절대 안 된다. 마누라와 자식만 빼고 다 바꿔라"라고 강력히 변화를 주문했다. 현재 삼성은 일류를 넘어 세계 초일류 기업으로 도약했다. 실적과 기술력뿐만 아니라 브랜드 가치도 세계적인 수준이다. 교육에서도 혁신하면 우리도 세계 최고 인재가 되리라 믿는다.

미래학자 레이 커즈와일은 2045년이 되면 인공지능이 인간의 지능을 넘어설 것이라고 말했다. 이를 두고 '싱귤래리티(특이점)'라 일컫는다. 요즘 스스로 판단하고 움직이는 똑똑한 무인자동차에 대한 관심이 점점 더 높아지고 있다. 스탠퍼드 대학 교수이자 인공지능 연구의 선구자이며 구글 무인자동차 개척자이기도 한 세바스찬 스런이 인공지능 연구에 몰두한 덕이다. 승승장구하던 세바스찬 스런이 돌연 '교육'의 길을 선택했다. 무슨 이유일까.

"인공지능이 장차 인류를 위협할 것이라는 위기감에 인간의 능력을 향상하고자 교육의 길을 택했다."고 그는 말했다. 이제 그는 계속적으로 진화 발전하는 인공지능을 어떻게 하면 속도를 조금이라도 늦출 수 있을까를 고민하게 되었다.

그가 유다시티(MOOC) 창업자가 되어 세계 모든 사람 누구에게나 최고의 교육을 온라인으로 받을 기회를 제공한 까닭이다. 그 덕에 유학 가지 않고도 세계 최고의 교수한테 공부할 기회가 열린 셈이다. 지인도 스탠퍼드 대학의 수업을 온라인으로 수료해 학점을 이수했다. 이제 대학의 절반가량이 사라질 것이라는 예언이 현실화 되고 있다.

빌 게이츠도 '향후 10년 후의 변화가 지난 50년의 변화보다 클 것'이라고 이야기했다. 지금 학생들이 대기업 취직이나 전문직 종사에만 목표를 둔다면 10년~15년 사이에 일어날 변화는 가히 충격으로 다가올 것이다.

　내가 어릴 때 체험한 콩나물 이론에서 변화의 과정을 여실히 살펴볼 수 있다. 어머니는 콩나물을 직접 길렀다. 콩나물시루에 물을 주면 물이 밑으로 몽땅 빠져나간다. 그래도 콩나물은 자란다. 좋은 콩나물을 얻으려면 2~3시간마다 한 번꼴로 물을 정성껏 줘야 한다. 그렇지 않으면 잔뿌리가 돋아나 그리 좋은 콩나물을 만들지 못한다.

　하물며 최고의 고등 동물인 자식 키우기는 어떠하랴. 미래 목표를 갖고 콩나물시루처럼 꾸준함과 사랑, 지극한 보살핌이 뒤따라야 명품 1류 자녀가 탄생할 것이다. 그런 자녀들이 많아질수록 우리나라 또한 세계 일류 국가가 되지 않을까. 그러기 위해 아이의 실체만 빼고 우선 부모인 나부터 바꾸자.

　삼성의 신경영 성공방식인 '나부터 변화'처럼 부모부터 변화해야 한다. 삼성이 초일류 기업으로 성공한 비결은 분명 이건희 회장이 선두에서 지휘한 삼성 신경영 덕분이다. 그때 이회장은 회장인 나부터 변화할 테니 따라오라는 강한 의지를 내보인 점이었다. 그리고는 나부터, 위에서부터, 쉬운 것부터 바꾸어 보라는 지시였다. 그 예로 왼손잡이는 팔을 묶어 보라고 했고, 건강한 치아를 유지하려면 하루 세 번씩 꼭 칫솔질하는 습관부터 바꾸어 보라고 주문했다.

　이처럼 위기를 기회로 만든 힘의 원천은 남 탓이 아니라 '나부터 변화'라는 메시지다. 그 무엇보다 부모의 사고방식부터 변해야 한다. 그간 알게 모르게 쌓인 습관과 몸에 밴 행동 양식이 우리 뇌를 주관한다. 그만큼 육아도 주변 환경에 영향을 받는다는 얘기다. 부모가 '나부터 변화'할 때 신교육도 빛이 나리라.

02

—

우리 집
가훈이 뭐에요

"엄마, 우리 집 가훈이 뭐에요."

승우가 초등학교에 들어가자 담임선생님이 자기 집 가훈이 뭔지 알아 오라고 했다. 가훈은 집안 어른이 그 자손에게 주는 가르침을 말한다. 가정교훈의 준말이다. 가정의 윤리 지침으로서 가족이 지켜야 할 도덕적인 덕목을 간단하게 표현한 것이다. 가정은 사회생활의 기본 바탕이 되는 곳이다.

자녀들이 사회를 보는 눈은 가정에서 형성된 가치관에 따라 길러진다. 가훈은 사회의 윤리관에 우선하는 것이며 사회에서 기대할 수 없는 교육적 기능을 갖는다.

고민 끝에 우리 집 가훈을 "심은 대로 거두리라"로 정했다. 봄에 씨앗을 뿌리지 않으면 가을에 추수할 게 없듯이 하고자 하는 일을 하지 않으면 얻을 것도 없으리라는 뜻이다. '콩 심은 데 콩 나고, 팥 심은 데 팥 난다'는 교훈처럼 자기 할 일을 스스로 알아서 하자는 의미이기도 하다.

그런 가운데 승우가 대학교 4학년 말 때의 일이다.

"저 면접 보러 가요."

"아니, 근데 복장이 그게 뭐니?"

"이 옷이 어때서요?"

현관문을 나서며 내게 오히려 반문했다. 덥수룩한 머리에 청바지와 점퍼 차림으로 평소 복장 그대로였다. 게다가 그간 취업에 대해 일언반구도 하지 않은 터였다. 사실 우리 부부는 은근히 걱정했다. 12월 취업철인데 취업에 전혀 신경 쓰지 않나 하는 우려가 들 정도였다. 게다가 다른 아이들의 취직 소식도 간간이 들려오던 때였다.

대개는 면접시험 대비 외모 관리에 신경들을 쓴다. 말끔하게 양복을 입는 것은 기본이고 피부관리, 헤어스타일에도 관심을 갖는다. 게다가 다 큰 자녀를 부모가 자동차로 태워 면접 고사장까지 데려다주는 경우도 있다. 수능 시험 다음으로 큰일 중 하나가 취업이기에 부모는 그렇게라도 해야 마음이 놓이기 때문이다.

나중에야 알았지만 승우는 취업 준비를 비밀로 한 채 이미 10여 군데에서 합격통지서를 받아 놓은 상태였다. 자신의 관심 분야인 IT업계 게임 분야 쪽을 공략해 어느 직장으로 갈지 선택만 남았을 뿐이었다. 묵묵히 자신의 일을 처리해 나가고 있었던 것이다.

"나중에 놀래켜 드릴려고 그랬죠."

녀석은 '네 할 일'을 그렇게 실천하며 세상사는 방식을 나름 굳혀 나갔다. 어려서부터 공부하라는 말은 되도록 줄이려 했다. 대신 '네 할 일'이라는 개념을 심어주었다. 그 속에는 여러가지가 포함된다. 방 청소, 수업 준비물 챙기기, 목욕 등등이다.

누군가에게 의지하지 않는 습성이 자연스레 길러진 듯하다. 간섭과 꾸중을 하고 싶어도 참고 기다린 덕이 아닌가 싶다. 대신 잘한 일에 대해서는 일부러 찾아 칭찬하고 격려했다. 그때 비로소 부모 자식 간의 신뢰가 쌓이게 된다.

'심은 대로 거두리라'에는 무엇이든 선택의 자유가 있고 그 결과는 자기 몫이며 이를 받아들여야 한다는 의미가 포함된다. 몇 해 전부터 큰아이의 스마트폰 메신저에 이런 문구가 새겨져 있음을 발견했다.

"요새 완전 행복"

이 문구는 몇 년째 유지되고 있다. 아마도 적성과 직업이 같음을 표현한 게 아닐까. 승우가 직업으로 갖게 된 게임 기획자의 삶이 어려움도 있겠지만 성취감도 높을 것이다. 유대인의 속담에 물고기를 잡아주기보다 물고기 잡는 법을 가르치라고 했듯 후자를 더 중요하게 생각하고 가족 문화의 기틀을 세운 덕이 아닐까 싶다.

큰아이와 작은아이는 열 살 터울이다. 나이 차가 나면 대부분 형이 동생을 자기 맘대로 이끈다. 하지만 각자 하는 일에 전혀 간섭하지 않고 지내는 게 신통했다. 그렇다고 사이가 서먹한 것도 아니었다. 서로 같이 잘 놀기도 하고, 즐겁게 지내면서도 서로의 자율을 중시했다. 그걸 보며 진정한 자율을 차츰 깨달았다. 자율이란 스스로 하는 행위지만 타인에게도 강요나 간섭을 하지 않음에 가치가 있다.

어떤 사람의 성격은 타고나는 것도 있지만 부모의 태도에 영향을 받기도 한다. 후천적으로 주어지는 환경 요인을 무시할 수 없다. 그 가운데 가훈이 주는 영향도 크다. 그게 바로 가족 문화가 된다. 가훈은 형식적으로 걸어두는 간판이 아니라 부모가 합심하여 만들고 다 함께 가꾸어야 할 소중한 자산이다. 부모는 최초의 선생님이자 마지막까지 교사이기 때문이다. 굳이 거창한 가훈이 없다 하더라도 문제 될 게 없다. 부모가 아이에게 일관되게 보여주는 행동들과 습관들을 보며 아이들은 우리 가정에서 중요시하는 가치가 무엇인지 짐작할 수 있기 때문이다.

가정에 가훈이 있다면 회사에는 슬로건이 있다. 잘 알려진 것으로 구글의 '악마가 되지 말자', 애플의 '다르게 생각하라'가 있다. 삼성의 이병철 회장은 기업 경영에서도 '경청'을 강조했다. 이 회장의 딸인 이명희 신세계 회장은 1979년 36세의 나이에 아버지의 소망대로 신세계 경영에 뛰어들었다. 첫 출근날 이 회장은 딸에게 몇 가지 지침을 주었다.

"어린이의 말이라도 경청하라, 사람을 나무 기르듯 길러라".

이명희 회장은 신세계 사보에 기고한 글에서 '이 지침을 지금도 지키고 있다'고 밝혔다. 이병철 회장은 특히 전문가의 의견을 존중했다. 문제가 생기면 그 분야의 전문가를 초빙해 의견을 듣고 해결방안을 찾았다. 현장에서 제품을 생산하는 기술자도 수시로 회장실로 불렀다. 현장의 의견이 어떤지 듣고 이해하기 위해서였다.

주변 사람의 이야기를 진지하게 듣고 판단하는 가르침은 아들에게 큰 영향을 끼쳤다. 이건희 삼성전자 회장은 직접 나서서 이래라저래라 하기보다 큰 그림을 그려 놓고 귀 기울여 듣는 걸 좋아했다. 언론에 노출될 때도 말을 많이 하지 않았다. 핵심적인 말만 몇 마디 했다. 이 회장은 회의 때도 직원에게 "얘기해 보라"고 한 다음 '왜'

를 반복해 묻고 또 물었다. 일본과 미국에서 유학 생활을 한 이 회장은 스스로 몰입하여 남의 말을 경청하는 습관을 갖게 됐다고 한다.

　가정에서도 훌륭한 기업 슬로건을 벤치마킹할 필요가 있지 않을까. 경청의 지혜로 부모 자식 간 소통이 원활해지면 더욱 행복한 가족 구성원이 될 것이다. 가족이 행복하면 사회도 더 밝아지리라. 가정은 기본 교육의 장이며 작은 사회이기 때문이다.

03

—

그럼에도 불구하고 피어난
한 송이 꽃

몇 해 전 멕시코의 수도 멕시코시티를 방문한 적이 있다. 그곳에 '그럼에도 불구하고'라는 제목의 조각상이 있었다. 조각상에 그런 이름이 붙게 된 이유가 궁금했다. 어느 날 조각가 카포치아는 작품을 만들기 위해 채석장에서 대리석을 채취하던 중 사고를 당했다. 불행히도 오른손을 잃었다.

사람들은 그가 작품을 완성하지 못할 거라고 생각했다. 예상과는 달리 그는 왼손으로 조각하는 법을 배웠다. 마침내 오른손으로 조각했을 때보다 훨씬 더 뛰어난 조각상을 완성했다. 조각가가 오른손을 잃었지만 그럼에도 불구하고 뛰어난 작품을 만들었다는 이유로 이 조각상의 이름이 '그럼에도 불구하고'가 된 것이다.

이 조각상의 본래 이름이 무엇이었는지는 모르지만 언젠가부터 사람들은 '그럼에도 불구하고'라는 애칭으로 부르기 시작했다. 오른손을 잃었음에도 불구하고 낙심치 않고 불굴의 정신력으로 뛰어난 작품을 만들어 낸 작가의 정신을 기리는 뜻에서였다. 그 조각가는 많은 사람한테 존경을 받았다. 뛰어난 재능을 지닌 조각가로서 선망의 대상이 되었다.

이 세상에 만만한 일은 없다. 꼭 될 거라고 믿었던 일도 마음먹은 대로 되지 않은 경우가 허다하다. 하지만 어려움에 굴복해서 좌절한다면 그 결과는 불 보듯 뻔하다. 우리가 아무리 비극적인 상황이나 불리한 환경에 처하더라도 조금만 다르게 생각한다면 얼마든지 반전의 기회를 얻을 수 있다.

청각 장애를 딛고 피나는 노력 끝에 화가가 된 운보 김기창 화백, 미국의 맹농아 저술가이자 사회사업가 헬렌켈러, 교향곡 9번 '합창'이라는 불후의 명곡을 남긴 귀머거리 베에토벤 등은 인간 승리의 주인공들이다.

지인 중 역사동화와 에세이를 40여 권 낸 작가가 있다. 그녀는 한국 전쟁 직후 1953년에 태어나서 어려웠던 한국의 역사와 함께 동시대를 견뎠다. 그녀의 환경은 고난의 연속이었다. 장애를 가진 어머니와 어려운 집안 사정으로 고등공민학교를 끝으로 배움도 접어야 했다. 글을 모르는 이웃 어른들의 편지를 읽어주고 대신 답장을 써주는 것이 그녀의 글쓰기 공부였다.

그녀는 결혼 후 치매 시부모 병수발과 황제 같은 남편 시하에서 억눌리며 살았다. 쉰 살이 넘어서야 동화작가의 길을 걷기 시작했다. 항상 배움에 대한 갈증, 글을 쓰고 싶은 욕구가 분출되어 활화산처럼 타올랐다. 내친김에 고입, 대입 검정고시를 거쳐 방송통신대학을 졸업하기까지 지난한 과정들은 그야말로 '그럼에도 불구하고'이다. 인생을 역전시킨 늦깎이 작가라고 말할 수 있다. 척박한 삶을 옥토로 개척한 『늦게 핀 꽃이 더 아름답다』의 문영숙 작가 이야기다.

그녀의 인생에서 전반전이 가난과 잃어버린 자아를 안고 버거운 현실에서 몸부림치는 시간이었다면 후반전은 문학을 통해 자아를 찾고 꿈을 이루는 활화산이다. 현재 독립운동가 최재형 기념사업회 이사장과 안중근 홍보대사를 맡고 있으며 코리안 디아스포라 작가로 인문학 강연, 한·러·일 블라디보스톡 직항 롯데 크루즈 선상 강연과 창작 활동을 하고 있다. 그녀의 대역전 드라마는 통쾌하기까지 하다.

그에 비해 우리는 흔히 아주 듣기 좋은 핑계거리와 빈정거림으로 일관하지 않는가.

"애 때문에 못 살겠어.", "공부를 그 따위로 하니 나중에 뭘 해 먹고 살겠어.", "이제 나도 지쳤어." "코로나로 마음도 몸도 엉망이 되고 있어.", "나도 남들처럼 받쳐주기만 했다면 뭐가 되도 됐을 거야."

이렇게 바꿔보자.

"애가 있어 얼마나 행복한가.", "다 자기 복대로 살겠지.", "나는 항상 열정적이고 호기심이 많아.", 코로나가 나에게 오히려 기회가 되고 있어.", "사대육신 멀쩡한 것만도 감사할 뿐이지."

이 얼마나 흐뭇한 말인가. 처지는 별반 달라진 게 없는데 마음먹기에 따라 결과는 크게 벌어진다. 예를 들어 어떤 사람은 컵에 남은 물을 보고 '조금밖에 남지 않았네', 다른 사람은 '물이 아직 그만큼이나 남았네' 어떤가. 긍정과 부정 사이의 간극은 작으나 그 결과는 힘센 황소만큼이나 세다. 해결 불가능한 일 앞에서도 우리는 얼마나 망설이는가.

"과연 내가 그 일을 해낼 수 있을까.", "나에겐 너무 과분해."

불굴의 의지가 있다면 손바닥 뒤집듯 쉬운 일이나 그 반대라면 태산보다도 더 크게 다가올 것이다. 특히 아이를 기르는 부모라면 아이가 항상 뒷심까지 발휘해 인생을 잘 마무리 하길 바라며 키운다. 그러기 위해 어려서부터 강한 멘탈과 실천력을 길러주려고 노력한다. 어떤 어려움에 부딪혀도 오뚝이처럼 일어설 수 있다면 할 수 있다는 뚝심으로 이어진다. 마라토너가 알맞은 체력 분배로 42.195m를 완주하듯 우리 인생도 크고 작은 산을 넘어 드디어 고지에 이른다.

고비마다 참고 견디며 산다는 것은 바로 '그럼에도 불구하고'라는 후렴구의 반복이기도 하다. 실패하는 사람들은 너무 쉽게 포기하고 좌절한다. 안되는 이유를 먼저 찾고 자책하며 혼돈에 빠진다. 수 없는 담금질로 육신을 가다듬어 온전한 목표에 이르기 위해 우리는 어떻게 해야 할까. 바로 "그럼에도 불구하고"라는 굴곡진 밭에서 예쁘고 찬란한 인생꽃을 활짝 피우는 일이다.

나비효과(butterfly effect)

　장 폴 사르트르가 "인생은 B(birth, 출생)와 D(death, 사망) 사이의 C(choice, 선택)라고 했다. 세상을 살며 사소한 사건이나 만남이 후일 자신의 인생에 큰 변화를 일으킨 계기였음을 알고 놀란 기억이 있을 것이다. 그런 내용을 영화화한 것이 『나비효과』다.

　2004년 개봉된 『나비효과』는 카오스 이론을 소재로 한 영화이다. 카오스 이론이란 불안정하고 불규칙하게 보이는 현상에서 일종의 질서와 규칙성을 찾는 것이다. 이 영화는 꽤 흥미롭다. 과거로 거슬러 올라갈수록 현실과 맞물리는 충격적인 사건으로 이어진다. 그 장면을 보느라 관람객들이 화면에서 눈을 떼지 못한다.

　되돌리고 싶은 선택의 지점으로 돌아가 어떤 행위를 그때 하지 않았더라면 인생이 어떻게 전개되었을까. 그 연애를 그때 시작하지 않았거나, 이 직업을 선택하지 않았다던지, 그 물건을 훔치지 않았거나 그 말을 뱉어내지 않고, 어떠한 죄를 짓지 않았다면 그 뒤의 인생이 어땠을까를 상상하도록 이끈다.

즉, 작은 나비들인 마이크로(Micro)가 거대한 매크로(Macro)를 움직일 수 있다는 것이다. 이런 현상을 미국의 기상학자인 에드워드 로렌츠는 "나비효과(Butterfly effect)"라고 했다. '브라질에서 나비의 날갯짓이 텍사스에서 토네이도를 일으킨다.', '중국 북경에서 나비의 날갯짓이 뉴욕에서 폭풍을 일으킨다' 등 지역을 달리하는 여러 버전이 있다. 공통점은 '초기 조건에 대한 민감성'이다.

우리나라에서도 이런 사회적 현상이 눈에 띄게 나타나고 있다. 20여 년 전 '2002 월드컵'이 개최되었던 때 일이다. 그때 예상치 못한 월드컵 4강이라는 쾌거를 이뤘다. 온 국민은 감격했고 흥분의 도가니가 되었다. 당시 응원단 '붉은 악마'의 주도하에 이루어진 응원은 일사불란했고 그 모습을 본 세계인들도 놀랐다.

많은 인파가 몰렸지만, 규칙을 준수해 전 세계의 매스컴으로부터 찬사와 부러움까지 샀다. 붉은 악마들의 날갯짓이 엄청난 파급효과를 낸 셈이다. 응원은 도심, 학교, 공원, 아파트단지에 이르기까지 도처에서 이뤄졌다. 세대와 계층, 남녀 차이를 넘어 온 국민이 신선한 축제문화를 경험했다. 국민들은 흥분과 열정, 자신감, 공동체 의식 등을 느끼며 특별한 체험을 했다.

우리가 삶을 살아가는 데도 나비효과는 적용된다. 소위 "나로부터의 비롯되는 효과"이다. 나 한 사람의 작은 변화가 엄청난 결과를 가져올 수 있다는 것이다. 나비효과가 적용되는 한 우리에게서 작고 하찮은 일이란 없다. 우리가 하는 말 한마디, 행동 하나가 어느 순간 거대한 폭풍으로 되돌아올 수도 있다.

우리나라에서 실제 나비로 효과를 본 지방행정의 성공 사례도 있다. 매년 5월이면 전라도 함평에서는 이색적인 행사가 펼쳐진다. 바로 나비와 자연을 소재로 펼쳐지는 '나비축제'이다. 전남 함평 이석형 군수의 나비효과 이야기다. 그는 진짜 나비를 팔아 함평군을 살린 사람이다.

지방 방송국 PD였던 그가 1998년 6월, 40세의 나이로 함평 군수에 당선되었을 때 주위에서는 우려의 시선으로 그를 바라봤다. 나이가 어린 데다 행정 경험도 없다는 이유에서였다. 이듬해 함평천 주변 1,000만 평의 들판에 심어놓은 보라빛 자운영과 노란 유채밭에 '나비축제'를 벌이면서 그는 고장의 운명을 바꾸어 놓았다. 평범한 시골 마을에 불과했던 함평에 나비를 보러 연간 300만 명의 관광객이 몰려든다. 관광객이 쓰고 간 돈만도 연간 200여억 원에 이른다.

큰 변화도 작은 것에서 출발한다. 변화는 누구에게나 두렵다. '내가 노력한다고 해서 도대체 무엇이 달라질 수 있을까'라며 실패의 원인을 '남의 탓'만으로 돌려서는 결코 원하는 것을 얻을 수가 없다. 원인이나 책임을 남에게 돌리고 나면 자신은 할 일이 아무것도 없기에 아무것도 이룰 수 없다.

나부터 변화한다면 이는 먼저 자신을 완전히 탈바꿈시킬 것이다. 변화의 위대함은 작은 실천을 매일 매일 실행하는 데 있다. 운동을 하기로 마음 먹었으면 당장 팔굽혀 펴기 하나부터 시작하는 거다. 걷기를 원한다면 망설일 필요 없이 운동화 끈을 매고 한 걸음 내딛는 데서부터 비롯된다.

그 결과 자신뿐만 아니라 가족과 사회와 주변에 긍정적인 결과를 가져올 것이다. 그것이 바로 나비효과의 힘이자 무한한 성장과 발전 가능성을 가져다주는 계기가 된다.

인도의 간디가 '천 번의 기도보다 작은 한 번의 행동이 더 중요하다.'라고 했듯이 변화는 나부터, 작은 것, 쉬운 것부터, 그리고 즉시 행동으로 옮겨질 때 비로소 변화가 일어난다.

변혁이란 시간이 걸리는 험난한 길일지도 모른다. 그러나 작은 변화의 시도가 나를 바꾸고 조직과 사회를 변화시키는 원동력이 된다. 나부터 작은 변화의 날개를 펄럭여 보자.

05
—
선택도 능력이다

전부터 알고 지내던 결혼한지 얼마 안 된 동생을 만났다. 그녀는 중학교 2학년 때, 부모에게 재봉틀을 사달라고 졸랐다가 혼쭐이 났다고 한다.

"공부해야지, 무슨 쓸데없는 소리야"

엄마는 그 요구를 바로 거절해 버렸다. 그녀가 요즘 어떻게 사는지 궁금해 근황을 물었다.

"최근까지 다니던 직장도 그만두고 퀼트를 배운 지 1년째 돼요. 10년 안에 명장 되는 게 제 꿈이에요."

그녀는 기특하게도 수십 년 전 자신의 꿈을 잊지 않았다. 결국엔 머나먼 길을 돌고 돌아 간절했던 꿈을 되찾아 나선 것이다.

"엄마한테 요새 제 처지를 말씀드리면 그때 재봉틀을 사줄 걸 하며 후회하세요."

그때 그 선택지를 부모가 허락했다면 어떻게 됐을까. 아마도 20여 년이 지난 지금쯤 장인이 되고도 남지 않았을까. 하루 3시간씩

10년을 꾸준히 투자하면 그 분야의 최고가 될 수 있다고 하지 않았던가.

어떤 분야든 최고 수준의 성과와 성취에 도달하기 위해서는 최소 10년 정도는 집중적으로 연습과 훈련이 필요하다. 세계를 빛낸 여러 위인들도 수많은 시간을 투자하여 자신의 전문성을 길렀다. 음악 신동 모차르트, 동화의 아버지 안데르센, 블랙홀을 연구한 스티븐 호킹, 가난한 자의 어머니 테레사 수녀, 동물 박사 제인 구달, 뛰어난 투자가 워런 버핏, 디지털 리더 빌 게이츠 등이다.

인간은 크고 작은 선택을 하며 산다. 누구나 태어나는 순간부터 죽을 때까지 선택의 굴레에서 벗어날 수 없다. 어떤 음식을 먹을지, 언제 잠을 잘지를 선택하는 의식주 관련 간단한 것부터 시작한다. 더 나아가 어느 고등학교로 진학할지, 어느 대학교에서 전공을 무얼할지, 어떤 직업을 택할지 등등이다.

선택은 자유의지로 결정해야만 한다. 선택도 능력이고 훈련이다. 선택에도 적기가 있다. 아이들의 경우 스스로 결정할 수 없는 선택기간이 많다. 대부분 부모가 그 선택을 대신한다. 그에 따른 단점 또한 많다. 부모들은 자신의 주관적인 판단과 고정관념 속에서 아이와 관련된 중요한 선택들을 하곤 한다.

그간 부모가 배운 지식과 사회 통념이 잣대가 되는 경우가 흔하다. 하지만 선택 하나하나가 모여 내 아이의 현재와 미래를 향하는 초석이 된다. 초석이 되는 나침반이 방향을 잘못 표시해 목표지점과 전혀 다른 곳으로 향한다면 어떻게 될까.

올바른 방향을 설정하지 못한 아이들은 자신이 원하는 것이 무엇인지조차 쉽사리 잊고 말 것이다. 게다가 선택을 부모에게만 맡기면 나중에는 아이 스스로 어떤 선택도 하지 못한다. 어려서부터 선택의 자유와 연습이 필요하다.

예를 들면 점심으로 볶음밥을 먹을 지, 오늘 학교에 갈 때 무슨 옷을 입을지 등등 아주 작은 것부터 선택의 힘은 길러져야 한다. 무엇이든 우리는 하면 할수록 점점 더 잘하게 되고 안 하면 안 할수록 더 힘들어진다. 선택과 결정도 그와 마찬가지다.

하버드대학교 심리학과 엘렌 랭어 교수는 코네티컷의 한 요양원에서 이런 실험을 했다. 요양원에 거주하는 노인들에게 실내에서 키우고 싶은 화초를 하나씩 고르게 하고 자신의 일과에 대해서도 여러 가지 소소한 결정을 내리게 했다.

일 년 반 뒤에 관찰해보니 자기가 고른 화초를 책임지고 키웠던 노인들은 그런 선택권이 없는 노인들에 비해 더 쾌활하고 활동적이며 정신이 맑았을 뿐 아니라 사망률마저 낮았다.

두 집단 모두 똑같은 요양원에서 지냈고 자신이 선택할 수 있는 것의 유무만 달랐을 뿐인데 결과는 크게 달랐다.

이렇듯 자유의지로 선택한 일에는 즐거움과 책임이 따른다. 강요 아닌 선택은 자긍심도 높아지고 결정에 대한 만족감도 자연스레 생긴다.

자유의지의 발산은 곧 자립심의 기반이 된다. 미래를 이끌 우리 아이들에게 필요한 교육이 무엇일까? 자발적 선택으로 책임감을 느끼게 해 끈기와 노력, 결과에 대한 기쁨을 갖게 하는 것이 아닐까. 아이가 진정으로 하고 싶은 게 무엇인지를 관찰해 지원해주어야 한다.

『논어』 옹야편에서 공자는 '어떤 사물을 알기만 하는 것은 좋아하는 것만 같지 못하고 좋아하는 것은 즐기는 것만 같지 못하다'라고 했다. 어떤 일을 진정으로 즐겨야만 달인의 경지까지 이를 수 있다. 자신이 평생 즐길 선택이야말로 진짜 인생으로 살게 하는 원동력이 된다.

사소한 것이라도 스스로 선택하고 결정했다면 좋은 결과를 향해 최선을 다하면 된다. 무엇이든 하면 할수록 점점 경험이 늘어 요령도 생긴다. 선택과 책임에도 훈련과 연습이 필요하다. 선택 능력을 키우려면 기준을 먼저 정해야 한다. 자신이 좋아하며 즐길 수 있는 게 무엇인지, 뭘 하고 살지, 어떤 생각으로 살고 싶은지에 대한 우선순위가 정리되어야 한다.

어떤 경우에도 흔들림 없이 선택할 수 있도록 확고한 우선순위가 설정되어야 한다. 인생은 선택의 연속이다. 선택에 있어 좋고 나쁜 것은 없다. 자신이 선택한 것을 스스로 최선으로 만들어야 한다.

그게 친구든, 연인이든, 배우자든, 직장이든 그 무엇이든 말이다. 가장 중요한 것은 자기 주체적으로 선택하고 책임지는 일이다. 선택을 뒤로 미루지 말자. 선택하지 않아도 선택이고 미루는 것 역시도 선택이니까.

06

육아 대디,
선택 아닌 필수

　요즘 가족의 생계를 책임지며 육아와 가사까지 분담하려는 '아빠' 직분이 참 눈물겹도록 애틋하다. 예전에는 육아는 엄마의 몫이라고 여기는 경향이 많았다. 사회 형태의 변화로 오직 부부가 합심해 아이를 기를 수밖에 없다. 핵가족화, 소수 자녀, 공동체의 부실 등이 가져온 결과다. 요즘 '독박육아'라 일컫는 이유도 거기에서 기인한다.

　'독박육아'란 남편 또는 아내의 도움 없이 혼자서 육아를 도맡아 하는 것을 말하는 신조어다. 여성의 사회진출로 또 다른 사람이 대신 육아를 감당해야 하는 일이 빈번해졌다. '황혼 육아'와 '육아 대디'를 주변에서 흔하게 접할 수 있다.

　'황혼 육아'는 이미 자식을 다 키운 할머니, 할아버지가 손주를 키우는 경우를 말한다. 우리나라에서 황혼 육아는 이미 하나의 육아 문화로 자리 잡았다. 보건복지부 산하 육아정책연구소 조사에 따르면 자녀의 양육을 조부모에게 맡기는 가정의 비율은 2009년 23.2%

에서 2012년 35.8%, 2015년에는 65.6%로 증가했다고 한다.

'육아 대디'는 알다시피 아빠 육아를 지칭한다. 그와 흡사한 '프랜대디'도 만들어졌다. '프랜대디(friend daddy)'란 최근 육아에 대한 아버지의 역할이 강조되면서 육아에 소홀하지 않고 적극적인 아빠를 의미하는 프랜대디에 대한 관심이 높아지고 있다. 이들은 자녀들에게 엄마만큼 가까운 존재로 인식된다. 이 정도로 육아 환경이 과거와는 확연히 달라지고 있다.

한편으로는 얼마나 다행스런 일인지 모른다. 과거에는 산업 역군의 아빠들이 직장에 나가 온전히 일에만 헌신했다. 아이가 생각하기에 '아빠란 돈 버는 사람' 정도로 인식하기에 이르렀다. 신새벽에 나가 오밤중에 들어온 아빠는 고이 잠든 아이의 얼굴만 보는 형편이었으니 그럴 만도 했다.

게다가 젊은 아빠들은 과거 자기 아버지의 생활 모습이 뇌리에 박혀 있다. 지금은 많이 달라졌지만, 아직도 관념의 샘은 흐르고 있다. 침묵과 근엄으로 일관해오던 아버지들, 놀아주기는커녕 두렵기까지 했던 분들이었다. 과거에는 그런 아버지 상이 당연시되었던 시절이었다. 유교적 관습적 사회에서 어른은 아이와는 별개의 존재로 대접받기를 원했고 그렇게 자리 잡아 전통처럼 이어져 왔다.

흔히 아이를 낳은 사람보다 기른 사람이 누구냐에 따라 아이에게 기억되는 양이 비례한다고 한다. 아이를 낳아 늑대우리에서 키운다면 외형적으로는 사람 모습이지만 늑대의 행동을 학습한다는 얘기는 익히 들은 스토리다. 그처럼 자라는 환경에 따라 아이가 달라진다는 뜻이다.

집안에 아빠는 존재했으나 부모 자식으로 교류할 시간조차 없던 환경에서 자란 과거의 부모들은 자연히 아빠와의 사이가 멀어질 수밖에 없었다. 아빠가 있으되 사실상 부재했던 아빠의 자리는 생각보다 그 폐해가 컸다.

아빠와 부딪치며 놀고 뒹굴며 스킨십할 시간, 애착기 사랑이 빠진 아이들은 늘 공허함을 느낀다. 그나마 동네 친구와 많은 형제들 놀이 속에서 어느 정도 보충되었다고 볼 수 있다. 놀이의 위력은 그만큼 크다. 요즘에 또 다른 문제가 야기되고 있다. 아이를 하나나 둘 낳아 잘 키우려고 어려서부터 학력 위주 공부에 시간을 보낸다. 뛰놀며 뇌와 몸을 활성화시켜야 할 아이들에게 취약 같은 환경이다.

누가 내 아이와 놀아주며 인성을 키울 것인가? 핵가족에서 답은 오직 아빠뿐이다. 요즘 아빠들은 현명해 그걸 잘 인지한다. 하지만 인지와 실천에는 거리가 있다. 실천이 없는 앎은 모르니만 못하다. 오늘 당장 지금부터 실천하자. 어렵지 않다. 작은 것부터 행하는 게 중요하다. 아이와 따스한 눈 맞춤, 공감, 이해, 놀이, 칭찬, 스킨십을 통해 좋은 관계를 만들고 집중해서 아이와 함께 놀아 주자.

1일 1행으로 작게 실천하자. 그럴 때 아이는 진짜로 '우리 아빠가 나를 사랑하는구나'를 느낀다. 진짜 사랑 저축을 차곡차곡 쌓는다면 아빠가 힘이 딸릴 때 기꺼이 사랑 에너지를 꺼내 아빠를 물심양면으로 도울 것이다.

전에는 오래 살아도 70여 살에 생을 마감했다. 장수 시대에 접어든 요즈음 여기저기서 삐걱인다. 오래 사니 문제점이 더 도출된다. 그 한 예가 황혼 이혼이다. 아이들은 아빠와의 소원했던 마음으로 엄마를 두둔하며 오히려 자식이 부모의 결별을 부추기기도 한다. 참으로 안타까운 일이다.

행복을 추구하던 가정에 뒤늦게 맞은 폭탄을 무엇으로 위로할까? 사회가 가져다준 여러 병폐들로 답답한 현실이다. 부모도 아이 키우며 육아 나이를 함께 먹는다. 그러나 아빠들은 대부분 육아 나이 3살에서 멈춘다고 한다. 즉 이쁜 3살 때까지만 아이를 예뻐한다는 말이다. 그 이후 시간이 아빠를 더 필요로 하는 데 말이다. 친밀해야 할 아빠와 자녀 간의 몰이해는 아이와 멀어지는 순간부터 시작된다고 봐야 한다.

우리는 대부분 부모 되기 위한 준비 없이 부모가 되었고, 키우는 과정에서도 바쁜 아빠들의 일정으로 인해 주로 모자간의 관계가 더 밀접해지고 있다. 모자간에 지지고 볶으며 미운 정 고운 정이 든다. 따라서 접촉과 관심의 시간 총량의 법칙에 따라 아무래도 부자간의 관계가 서먹해질 수밖에 없다.

그러다 아이가 훌쩍 커 사춘기 되고 성인 자녀가 되면 데면데면한 관계로 이어진다. 게다가 간혹 보는 아빠가 아이의 잘못된 행동을 지적하면 감사는커녕 불화의 감정이 인다. 인간의 기초가 되는 아빠로부터 받을 사랑과 신뢰가 빠진 공간은 채워지지 않는 아쉬움과 오해의 장으로 변질되는 경우다.

부자간의 문제 외에도 부부 관계도 별반 차이가 없을 터이다. 관계는 항상 어디서든 어려운 숙제다. 뒤늦게라도 그 간극을 어떻게 메울지가 관건이다. 핵가족 시대에 '육아 대디'가 선택이 아닌 필수 사항이다. 누구의 핑계도 아닌 밥벌이가 가져다준 아빠들의 뼈

아픈 이면을 깊이 되짚어보며 지금이라도 아이에게 쏟을 시간, 관심, 배려를 복원하는 게 그 무엇보다 중요하다. 선택과 집중이 여기서도 발효된다.

무엇보다 부부가 좋은 관계를 보여주면 아이는 그걸 배운다. 뭘 가르치려고 하기보다 올바른 부부로 사는 게 우선이다. 이런 기본 전제하에 자녀교육의 원칙을 설정하고 실행하면 된다. 아이를 낳아 기른다는 건 커다란 프로젝트를 수행하는 일이다. 그걸 기획하고 실행할 부부는 뚜렷한 육아 기본과 행동 양식을 가져야 한다. "축적의 길"을 쓴 이정용 저자의 책을 읽으며 계획과 실행은 육아에도 비슷하게 적용할 요소라 생각했다.

아이를 기르는 동안 삶의 중심에 항상 아이가 자리하며 커다란 프로젝트 완성을 위해 몰두해야 한다. 아빠가 육아에 기준과 목표가 서 있어야 가능한 일이다. 아빠 자신이 기준이 없다면 흐지부지되고, 목표가 세워지지 않으면 이리저리 흔들리게 된다.

가령 내 아이의 독립적 사고를 기른다든지, 행복한 인간상을 구현한다든지, 그저 내 곁에 있어 주는 것만으로도 다행이라는 등의 목표가 있어야 꾸준히 실행할 준비가 된다. 이처럼 귀한 아빠 육아가 오늘도 내 아이를 성장시키고 아빠 본인에게도 함께 성장하는 기회가 될 것이다.

5장

팀워크

teamwork

"항구에 머물 때 배는 언제나 안전하다.
그러나 그것은 배의 존재 이유가 아니다"

-존A. 셰드

01

—

협력하는 괴짜

　협력하는 괴짜가 세상을 리드한다. '협력하는 괴짜'는 고 이민화 교수가 제시했다. 그의 저서 "협력하는 괴짜"에서 4차 산업혁명 시대 인간의 가치 중 생존하고 성장할 해법 중 하나라고 말했다. 앞으로의 세상은 사람과 로봇이 함께 일하는 사회가 될 것이다.

　단순 노동은 기계에 맡기고 사람은 좀 더 재미있고 의미 있는 일에 집중해야 함을 강조한다. 사람은 자기 정체성 표현을 지향하는, 보다 고차원적인 창조적인 일에 몰입하게 된다는 것이다. 인간은 반복적이지 않은 일을 통해 혁신을 끌어내는 역할에 매진해야 한다.

　새로운 일을 만드는 데 한 명의 괴짜로는 불가능하다. 로봇보다 나은 창조성을 끌어내기 어렵기 때문이다. 각각 한 분야에 특성화된 괴짜들이 서로 협력할 때만이 변혁을 이룰 수 있다. 이제 우리에게 필요한 것은 독보적 천재보다 '협력하는 괴짜'라고 볼 수 있다. 한 분야의 탁월한 역량을 가진 괴짜들이 협력하는 사회가 평범한 모범생들이 모인 사회보다 훨씬 강력하다. 인성과 더불어 인공지능이 결코 따라오지 못하는 학습 능력을 키우고, 다른 장점을 가진 사람과 협력해야 한다. 그래서 어려서부터 관계와 협력의 중요성을 도외시할 수 없다.

대부분 전 과목을 두루 잘하는 사람은 드물다. 국어, 영어, 수학 등 각각을 잘하는 사람이 서로 협력하여 사회문제를 풀면 최선의 답이 나온다. 기계인 로봇을 대적할 힘은 집단 지성에서 나온다는 말이다. 각자의 강점을 한데 모을 때 최고가 될 수 있다. 인간이 상상조차 못했던 특이한 데이터 입력이나 업무수행 능력을 가진 AI와 함께 일하고 그들을 제어하려면 획일화된 기존 교육의 방식으로 길러진 인재로는 불가능하다. '괴짜'가 필요하되 특히 '협력하는 괴짜'여야 한다.

가수 '싸이'를 예로 들 수 있겠다. 2012년에 '강남스타일'이 미국 빌보드 메인 싱글 차트인 '핫100' 2위 등 의미 있는 성과를 냈다. 이는 한국 가수 최초이자 최고의 기록이었다. 또 아시아 가수 최초로 영국 오피셜 싱글 차트 1위 기록을 세웠다.

그는 말한다. '나는 어릴 때부터 특이하다는 소리를 많이 들었다. 특이한 걸 계속하면 특별함이 생기는 것 같다. 예전에는 외향적인 친구가 끼가 많았다면 요즘은 그렇지 않더라. 외향적으로 보여지는 것을 배제하고 내면의 성향이 얼마나 외향적인지를 찾아내는 데 심혈을 기울였다.' 싸이는 특별한 괴짜 기질을 가진 데다 남과도 잘 어울릴 줄 아는 협력 마인드로 성공할 수 있었다. 그가 세계 1인자가 되기까지는 그를 받쳐준 또 다른 괴짜들의 조합이 있어 가능했다.

2012년 1월, 싸이는 영국의 옥스퍼드에 방문했다. 그는 옥스퍼드 강단에서 영어로 강의를 진행했고, 강연회장에는 300여 명의 재학생들이 참여했다. 이날 강연에서 싸이는 '나는 불과 4개월 전만해도 한가한 스케줄을 보내던 한국의 평범한 가수에 불과했다. 미국 유학 시절에는 부모 몰래 음악으로 진로를 바꾼 후 작곡자와 가수로서 주목을 받지 못하는 고비마다 진로에 대한 고민이 많았다.'라며 성공하기까지 가수로서의 힘겨운 도전 과정을 진솔하게 털어놨다.

"15살 때 TV에서 처음 보고 충격을 받은 록그룹 퀸의 보헤미안 랩소디가 오늘의 나를 있게 했다."며 "가수로 성공하기에는 용모가 부족했지만 엉뚱함 속에서 즐거움을 선사하려는 노력을 통해 이를 극복했다. '강남스타일'이 유튜브로 퍼지면서 미국에서 계약 제의를 받았을 때 서구 음악을 영어로 따라 하기보다는 한국어 노래로 승부하는 가수가 되겠다고 생각했다."라며 한국인 가수로서의 고민과 포부를 밝혔다. 이는 곧 K팝을 세상에 널리 알리는 계기가 되었다.

우리가 흔히 '놀~고 있네'라는 말을 자주 쓴다. 상대를 폄하하는 조소 섞인 말일 수도 있다. 싸이가 보는 논다는 의미는 특별하다. 그는 '나는 세상 놀이를 다 해봤다.'고 자랑스럽게 고백한다. 그의 엉뚱함은 즐겁게 행복한 놀이를 즐기면서 개발한 업적이 아닐까.

그의 기발한 엉뚱함이 당시 세계인을 열광케 했다. 온갖 놀이와 실패를 통해 자신에게 맞는 툴을 만들어냈다. 그처럼 창조적 인간은 대체로 괴짜다. 남들과 다르게 생각하기 때문이다. 게다가 괴짜들이 남과 협력하면 특별한 결과물이 만들어진다.

우리 아이들이 어떠한 시도를 하여 혹시 실패하거나 실망하더라도 다시 일어날 수 있도록 힘이 되어주고 용기를 주자. 실패의 경험이 중요하다. 실패와 끼의 경험이 중요하다. 싸이 유학 시절 룸메이트가 말하길 '싸이가 하루 종일 수업에 빠져 모든 과목에서 F를 받았다'고 말했다. 비즈니스인사이더에 따르면 싸이는 1990년대 후반 보스턴 대학에서 경영학을 전공했지만 음악에 심취해 학교를 중퇴했다.

싸이는 유학생 시절 학비로 받은 돈을 컴퓨터와 키보드, 미디(MIDI)를 구입하는 데 사용한 뒤 한국으로 돌아왔다. 싸이가 유학과는 상관없는 엉뚱한 짓을 하는 것을 참고 기다려준 그의 부모 또한 대단하다. 실패를 통해 문제해결 능력을 배울 수 있다. 게다가 미래를 살아갈 원동력인 유연한 사고는 덤으로 따른다.

앞으로는 협력과 사회적 소통을 중시하는 정서를 가진 인재가 필요하다. 인간과의 협업을 뛰어넘어 기계와 협업해야 하는 시대가 오기 때문이다. 앞서 말했듯이 '협력형 괴짜'가 필요하다. 협력하는 괴짜들이 미래 교육의 롤모델이 되며 사고를 디자인해 창의 대한민국이 되는 데 큰 역할을 하리라 본다.

02
—
나대는 아이가
성공한다

'나댄다'라는 표현이 있다. 보통 매우 부정적인 의미로 쓰인다. 페이스북 2인자로 알려진 세릴 새드버그 최고운영책임자는 방한 당시 연세대 초청 강연회에서 '나댄다'에 대해 색다른 해석을 했다. "여러분은 앞으로 자신감이 넘치는 아이에게 나댄다고 하지 말고 잘한다, 지도력이 있다고 말하는 날이 오길 바랍니다." 그는 '나댄다'라는 한국어 표현을 그의 직원에게 배웠다고 했다. 나댐의 의미를 달리 본 지혜로운 사람이다.

우리 속담에 '모난 돌이 정 맞는다'는 말이 있다. 성격이 별나거나 특이한 행동으로 친구나 주변 사람들에게 잘 어울리지 못해 불이익을 겪게 된다는 말이다. 우리는 주변과 비슷한 생각, 비슷한 모습, 심지어 취미마저도 비슷한 것을 은연중에 강요받는다. 다른 생각이나 다른 행동을 하면 '나댄다'라며 폄하하기도 하고, '별종이다'라는 말로 사장시키고 만다. 그래서 닮은 꼴이 많아지고 비슷함 속에서 살아간다. 하지만 정작 세상을 변화시키는 건 모난 돌들이 아닐까.

발명왕이라 불리는 에디슨은 매사 호기심이 많아 심지어 날계란을 자신이 직접 품어 부화를 시도했을 정도였다. 또한 상식 밖의 행동과 특이한 질문을 많이 해 초등학교에 입학한 지 3개월 만에 퇴학당했다. 앞서 나온 표현으로 '나대는 아이'였던 셈이다. 그럼에도 에디슨은 인류 발전에 기여한 위대한 사람이 되었다. 지금이야말로 모난 돌을 더 많이 양산해야 할 때다. 창의적인 아이디어가 주로 그들로부터 나오기 때문이다.

세계적인 컨설팅그룹 맥킨지는 최고의 명문 대학교를 졸업한 인재를 채용하기로 유명했었다. 이러한 맥킨지 조차 최근 들어서는 다양한 경력의 인재를 채용하기 시작했다. 대학 성적은 형편없지만 자기 사업을 해봤거나 1년 동안 휴학하고 혼자 공연을 하며 유럽을 일주한 특별한 경력의 인재들이 맥킨지에 입사하고 있다. 이런 인재채용의 변화는 이미 전 세계적인 흐름이다.

직장에서 인재 선발은 가장 중요한 과제 중의 하나다. 한때 삼성의 이병철 초대 회장은 인재 등용 시 관상 면접을 보는 것으로 유명했다. 대를 이은 이건희 회장 대에 와서는 창의 인재를 뽑기 위해 관상 면접을 철회했다. 이병철 회장 시절에는 소위 '관리의 삼성'으로 소문나 있었다. 철저한 관리를 위해서는 반듯한 인성이 최고의 선이었기 때문에 관상이 중요했다. 반면 이건희 회장은 삼성이 초일류기업이 되려면 세계적인 천재급 인재를 뽑아야 한다고 생각해 품성도 중요하지만, 전문가를 뽑는데 관상은 더 이상 통용되지 않았다.

어느 시대든 기업의 핵심 역량은 사람이다. 부모는 시대가 요청하는 적합한 인재를 기르기 위해 멀리 내다봐야 한다. 다양하고 특별한 체험을 한 아이는 그렇지 않은 아이에 비해 훨씬 경험의 폭이 크다. 그런 의미에서 아이가 나댄다고 걱정하기보다 응원해야 하지 않을까.

큰아들 승우가 다섯 살 때 일이었다. 늦장을 부리다 유치원 버스를 그만 놓치고 말았다. "너, 유치원 갈 거야, 안 갈 거야."를 먼저 물었다. 물론 그 속엔 엄마의 계산된 조건이 숨겨 있었다. "유치원 버스를 놓친 건 네 책임이니 택시를 너 혼자 타고 가야 해! 엄마는 일이 있어 너랑 같이 갈 수 없어." 나는 일부러 혼자 갈 건지 여부를 타협했다. 아이는 망설이더니 혼자 가는 쪽을 택했다. 아뿔싸, 설마 했는데 아이의 용감한 선택에 오히려 내가 더 당황스러웠다. 아이가 어렵사리 결정한 것을 묵살할 수 없어 의견을 존중키로 했다.

만약 그 경우에 유괴 등 위험을 감안해 엄마가 함께 택시로 유치원에 편히 데려다준다면 다음 행동은 어떨까. 기대하는 행동이 수정되지 않고 계속 반복될 것은 불 보듯 뻔하다. 나는 위험을 무릅쓰고 택시에 아이를 혼자 태워 보내기로 마음먹었다. 아무래도 불안해 곧바로 뒤따르던 택시를 잡아타고 따라갔지만 말이다. 아이는 그때 자기 혼자서 유치원에 간 걸로 생각하고 무용담처럼 여기곤 했다. 승우는 여렸지만 특별한 체험으로 그 후 용감한 행동을 할 수 있었다고 회상하곤 했다.

나는 그런 아이의 행동에 칭찬을 마구마구 쏟아냈다. 그 후 유치원 버스를 놓친 적이 한 번도 없다는 사실이다. 엄마인 나도 다섯 살 아이의 작은 행동을 통해 탐색하고 성찰할 기회를 얻은 모험의 시간이었다. 초짜인 부모도 육아 나이만큼씩 자람을 실감했다. 나 댐과는 성격이 좀 다르지만, 자발적 행동으로도 여러 경험을 할 수 있다는 점이다.

그렇듯 직접 체험하고 인지한 것이 쌓여 경험 세계가 확장된다. 그럴 때 아이의 선별력도 생기고 남다른 시각으로 세상을 살아갈 수 있다. 그런 면에서 아이가 어릴 때부터 나대며 지내기를 적극 권한다. 여기서 '나댐'은 다른 아이와 똑같은 방향이 아닌 남과 다른 행동 방식을 말한다.

카이스트 고 이민화 교수는 생전에 디지털 혁명 시대에는 멋진 제복을 차려입은 사관생도보다 이른바 '해적'이 필요하다고 하면서 '협력하는 괴짜'의 중요성을 설파했다. 다시 말해 나대는 아이들이 서로 융합하고 공감하며 집단 지성의 집합체가 될 때 기계를 대적할 힘이 솟아남은 말할 나위조차 없다. 소위 나대는 사람들이야말로 세계를 움직이는 지렛대 역할을 할 수 있다.

스스로 해본 일에 대한 실수와 성공은 곧 자신감으로 이어진다. 성장하고 싶다면 실수할지도 모른다는 두려움을 버려야 한다. 저술가 워런 베니스 교수는 '실수는 실천의 또 다른 방법일 뿐'으로 보았다. 성장하려면 실수를 당연시하고 그때마다 아이가 올바른 방향으로 나가고 있음을 알려주며 기쁘게 받아들여야 한다. 실패에 대해 염려하지 말고 이제 우리 아이들 생각의 굴레를 마음껏 풀어주자. 그들은 지혜의 보물을 차곡차곡 쌓아 필요할 때 소중하게 꺼내 쓸 수 있으리라.

03
—
사각 프레임에서
벗어나자

늦둥이 막내아들이 도심에서만 살다 고등학교를 강원도로 가게 되었다. 민사고로 가게 된 탓이다. 그곳에서 3년간 기숙사 생활을 했다. 첫날 아이를 데려다주며 감상이 어떤지 물었다.

"건물이 별로 없고 풀이 이렇게 많은 풍경이 낯설어요."

각종 고층 건물과 아파트가 눈에 익숙했던 아이에게 꽤 큰 변화였음을 짐작할 수 있었다. 어린 시절 나도 비슷한 경험을 했다. 바다와 논이 있는 시골 읍내에서 나고 자랐다. 공간은 확 트였고 주변은 둥글둥글했다. 어느 날 산에 둘러싸인 친척 집을 방문한 적이 있었다. 마루에 걸터앉으니 산이 내 시야를 턱 가로막았다. 뭔지 모를 답답함이 느껴졌다. 자신이 자란 환경과 달라 감정에 기복이 생겼던 것이다. 그렇듯 우리는 주변 환경에 많은 영향을 받는다.

늦둥이는 시골 생활에 차츰 적응하더니 그곳이 꽤나 정겹고 공기도 맑으며 평화롭다고 말했다. 공기의 차이가 느껴질까 싶었는데, 아이는 그간 하루에도 수백 대의 버스가 오가는 버스터미널 근처의 도심에서 살았던 터였다. 공기 좋은 강원도로 갔으니 충분히 그럴 법 하겠다 싶었다. 인간은 자연의 산물로 주변 환경에 적응하며 살기 마련이다. 자연이 주는 좋은 환경이 있는 반면 현대화한 인위적 환경도 받아들여야 하는 게 우리의 처지다.

요즘 사람들은 대부분 사각의 틀에 갇혀 산다. 빌딩, 아파트, 학교, 교실, 학원 등이 거의 사각이다. 책과 노트북, 컴퓨터도 그렇다. 각진 사각은 틀에 갇혀 여유가 없고 메마른 듯해 마음이 편치 않을 때가 있다. 둥근 해와 보름달을 보면 마음이 평온해지지 않던가.

원은 상대적으로 여유로움과 부드러움을 선사한다. 그렇듯 물체가 주는 느낌이 사람의 감정에까지 영향을 미친다. 과거 초가집과 한복, 버선 등 의식주의 행태가 거의 둥글었다. 지금과는 대조적이다. 그것을 표현하자면 자연스럽다거나 인위적이지 않다고도 할 수 있을 것이다.

스페인의 천재 건축가 안토니오 가우디(Antoni Gaudi/1852-1926)가 말하길 '집은 가족이 사는 작은 나라'라고 했다. 몇 해 전, 기대를 갖고 찾아갔던 그의 건축물은 주로 곡선을 이뤘다. 산을 주제로 디자인했다는 카사밀라는 철과 석회암으로 부드럽게 굽이치는 외벽에다 내부까지 곡선으로 만들었다. 마치 찰흙으로 빚어놓은 듯한 자연스러움이 느껴졌다. 외관의 곡선 건물만 봐도 마음의 안정을 주는 건축물이다.

요즘 우리나라 건축물도 기존과 다르게 짓는 시도를 하고 있다. 대표적인 사례로 부여의 모 리조트와 모 초등학교, 울릉도의 힐링 스테이 코스모스 등을 들 수 있다. 언젠가 부여의 리조트에서 2박을

한 적이 있다. 둥근 건물에서 마음마저 둥글어짐을 느꼈다.

우리가 자연에 가면 언제든 인위적이지 않으며 자연스러운 산물들을 만날 수 있다. 둥그런 산과 나무들, 구불구불한 곡선의 시골길, 달과 해, 구름과 흐르는 냇물 등이 그것이다. 즉 자연 친화적 환경이 각광받고 마음의 안식을 얻을 수 있다. 왜일까? 사람도 자연의 일부이기 때문이다.

요즘에는 젊은 사람들도 귀촌을 외치며 농어촌, 산촌 등지에 사는 경우가 많다. 자연을 한껏 느낄 수 있는 제주도에서 몇 년간 지내기도 한다. 인공적 환경에서는 경쟁과 비교가 난무한다. 아이 기를 때 될수록 자연과 더불어 성장할 요소들이 뭔지를 고민해야 한다. 그래야 아이들이 정서적으로도 보다 안정되며 창의적인 아이로 자랄 수 있다.

기회가 되면 전원생활을 접해보는 것도 좋을 것이다. 풍요로운 체험교실이 될 수 있을 것이다. 큰아이를 키울 때 휴일이면 산과 들로 나들이 갔던 일들이 지금 생각해도 잘한 일 중 하나다.

'직선은 인간의 선이고 곡선은 신의 선이다. 자연에는 직선이 존재하지 않기 때문이다.' 이처럼 자연을 거스른 것은 거의 다 직선으로 이뤄졌다. 자연에는 직선이 존재하지 않기 때문이다.'라는 말이 있다. 직선은 다소 인위적이다. 자동차가 달리는 고속도로를 보라. 대표적인 곳이 독일의 아우토반이다.

그 길에 들어서면 오로지 앞만 보고 달려야 한다. 사고의 위험 때문에 남들의 속도에 맞추지 않으면 안 되고 다시 돌아가기도 어렵다. 마치 우리 아이들이 교육 현장에 내몰려 선행 학습하는 모습과 흡사하다. 사람이 주관하는 곳은 거의가 인위적이고 경쟁적이다. 느리게 가다가는 뒤떨어지고 만다. 다람쥐 쳇바퀴 돌리 듯 그 틀 안에 합세하게 된다.

사실 자연만큼 우리에게 안식을 주는 것도 없다. 신선한 공기, 물, 햇빛, 바람 등의 소중함은 평상시에는 잘 모른다. 건강을 잃음으로써 건강이 소중하다는 걸 알듯이 없어 봐야 자연의 가치를 느낀다. 더불어 자연을 사랑하고 환경을 지키며 자원의 한계도 깨우칠 수 있다.

요즘 인조 잔디로 뒤덮인 운동장, 운동장 없는 유치원, 초중고교에서 자라는 우리 아이들의 정서는 삭막하기 그지없다. 일본에서는 운동장 없는 교육기관은 상상할 수 없다고 한다. 우리 유치원을 보라. 울 안에서 모든 활동을 하고 운동하지 않고 학습에 주력하는 아이들이 얻는 것보다 잃는 게 더 많다는 사실이다.

연구에 의하면 '숲유치원'에서 마음껏 뛰놀고 동식물을 관찰하는 아이들은 인지능력, 정서능력, 남을 이해하는 배려심 등이 훨씬 높다고 한다. 세계 최초의 유치원을 세워 유아교육에 앞장섰던 독일의 교육가 프리드리히 프뢰벨은 '어린이들을 숫자와 글자가 아닌 자연에서 뛰놀게 하라'는 가르침을 준 바 있다.

부모는 자녀의 건강과 교육 문제를 최우선시한다. 이제는 교육의 양보다 어떻게 해야 최적의 환경에서 최상의 교육을 받을 수 있을지 고민한다. 교육의 질에 대한 관심이 커지고 있다. 산촌 유학을 보내는 도시 부모들이 늘고 있는 이유다. 생명존중과 바른 인성, 사회성과 창의력을 키우는데 자연이 주는 매력을 빼놓을 수 없기 때문이다. 이 또한 사각 프레임에서 벗어나 둥근 마음, 둥근 행동, 둥근 리더로 살 곡선의 삶을 지향하는 일 중 하나라고 본다.

04

—

방탄소년단 BTS와
방시혁 리더십

한류 붐을 타고 명성을 날리는 자랑스러운 한국인이 늘고 있다. 그중에 전 세계 젊은이들의 마음을 사로잡는 방탄소년단 BTS다. 한국인 최초로 빌보드 싱글차트 정상까지 10여 차례 차지하고 세계 각국의 음원차트 1위를 여러 번 석권했다. BTS가 이처럼 인기를 누리는 근본적 이유는 무엇일까?

성공 이유를 유튜브 같은 SNS, 탄탄한 콘텐츠, 현란한 춤, 팬클럽인 아미(Army)와의 공감력 등 다양하게 제시한다. 그들의 성공 요인은 어디까지나 한국인의 특성인 '한(恨)'과 '신명(興)'이 핵심이라고 생각한다. 그들이 처음 BTS가 힙합으로 음악을 풀어갈 때만 하더라도 여러 아이돌 그룹과 별로 다르지 않았다. 하지만 다른 아이돌 그룹과는 달리 BTS는 자신들의 삶과 전 세계 젊은이들의 삶을 진정성 있게 접목시켜 '한'을 리듬과 춤이라는 '신명'으로 풀어 공감을 얻어냈다.

세계의 같은 또래 젊은이들의 고통에 동참하고 목소리를 대변하면서 '진정성과 공감'을 얻어냈다. 그들의 한풀이에 그치지 않고 꿈과 희망을 '한과 신명'이 힙합 춤과 융합시켜 전 세계 젊은이들을 매료시키고 있다. 이것이 BTS 성공의 진수다. 물론 젊은 BTS 청년들을 한마음으로 결속시켜 그들이 하고 싶은 일에 몰입하고 열정을 쏟아부을 수 있도록 한 방시혁의 리더십이 같이 어우러진 결과다.

방탄소년단의 5무 전략은 글로벌 전략 없이, 로컬화 전략 없이, 백그라운드 없이, 매스미디어 혜택 없이, 정형화된 아이돌 전략 없이 였다. 방탄소년단은 새로운 미디어 환경을 완벽히 활용하며 진정성을 담은 콘텐츠와 음악, 대화로 커뮤니케이션하며 수평적 소통의 모범 사례를 만들어냈다.

방탄소년단 멤버들이 청춘들의 생각에 공감하는 가사를 쓸 수 있었던 것은 그들 스스로가 청춘들의 고민을 알고 있었기 때문이다. 물론 자율권을 인정해주고 가식이나 허영이 아닌 진짜 내면의 진심을 음악으로 표현하라고 독려한 방시혁 리더십도 결정적인 역할을 했다.

젊은 BTS 청년들을 한마음으로 결속시켜 그들이 하고 싶은 일에 몰입하고 열정을 쏟아부을 수 있도록 한 방시혁의 리더십은 독특하다. 김남국의 책 『BTS INSIGHT 잘함과 진심』은 최근 세계적인 톱 클래스 아이돌 가수가 된 BTS 그룹과 관련하여 경영 측면의 방시혁 리더십을 주로 다뤄 시사점이 크다.

BTS를 탄생시킨 빅히트 엔터테인먼트의 방시혁 대표가 BTS 멤버를 선발할 때 가장 중시한 점은 인성이다. BTS 성공의 차별화된 요인은 바로 그것이었다. 그 인성으로 자율성을 부여했고 진정성 있는 팬과의 교감 등을 낳게 되었다. BTS의 자율성과 팀워크는 인성에서 왔고 위대한 전략은 내면에서 왔다. 진짜 마음을 음악에 담은 것이다.

BTS의 소속사 빅히트 엔터테인먼트는 방탄소년단이 연습생일 당시 연습생에게 파격적인 음악적 자율성을 주었다. 음악을 마음껏 할 수 있게 작업실도 지원하고 믹스테잎 등 무료 음원 형태로 음악을 발표할 수 있도록 독려했다. 실제로 2013년 데뷔 이전에 RM, 슈가, 제이홉이 인터넷으로 발표한 '팔도강산'이라는 노래를 듣고 방탄소년단의 막내 정국은 유명 소속사의 러브콜을 뿌리치고 빅히트 엔터테인먼트를 선택했다고 한다.

실제 가장 중요한 활동인 음악 창작과정에서 자율성을 존중하는 경영철학은 그대로 투영됐다. BTS 멤버들에 따르면 연습생 시절부터 방시혁 대표와 제작팀은 멤버들에게 비트를 계속 들려주며 여기에 어떤 메시지를 담고 싶은지 지속적으로 물었다고 한다.

2013년 발매된 BTS의 첫 앨범은 학교를 주제로 만든 시리즈 3부작이었다. 2013년 당시 학교 콘셉트는 진부하거나 적어도 참신하다는 평가를 받기 힘든 소재였다. 그럼에도 불구하고 경영진은 BTS 멤버들의 자율성에 손을 들어줬다.

과거 경영자의 가장 중요한 역할은 효과적인 통제였다. 통제의 대표적 수단은 당근과 채찍이다. 하지만 자율성을 부여하면 역량은 따라온다. 방시혁 대표는 BTS 멤버들이 직접 음악을 만들도록 자율권을 부여했다. RM이나 SUGA처럼 작사·작곡에 능한 멤버들뿐 아니라 작사·작곡을 해 본 적 없는 멤버들에게도 비트를 만들고 가사를 써오도록 유도했다.

업무 특성과 상관없이 자율적으로 의사결정을 할 수 있도록 기회를 주고 역량을 키우도록 유도하는 것은 튼튼한 조직을 만들기 위한 핵심요소다. 이런 점에서 방시혁 대표가 나이 어린 소년들에게 부여했던 파격적 자율권은 BTS의 놀라운 글로벌 성과의 원동력이 되었다고 볼 수 있다.

부모들도 방탄소년단을 비롯한 다양한 프랙티스를 참조하며 자녀와 새로운 방식으로 소통하기 위한 전략을 짜야 한다. 방시혁의 리더십은 자율적, 수평적이며 진정성을 갖춘 면에서 부모 리더십에도 변화의 잣대가 될 수 있다. 내 자녀에게 맞는 리더십이 어떤 걸까를 방시혁 리더십에서 배우면 어떨까.

05

—

미네르바 스쿨,
왜 하버드를 능가하나

세계가 주목하는 대학이 있다. 미네르바 스쿨이다. 왜 그렇게 인기를 끌까. 이제는 대학 졸업장이 있어도 취업이 잘 안 될 뿐더러 대학 간판보다 능력을 우선시하는 사회가 됐다. 지식의 폭발적인 증가로 사회의 요구를 대학 교육이 따를 수 없는 환경이 되었다. 미네르바 스쿨 같은 대안 대학이 뜨는 이유다.

2014년 개교한 미네르바 스쿨은 모든 수업을 온라인으로 한다. 지식 전달보다는 습관 기르기가 미네르바 스쿨의 목표다. 기본적으로 미네르바 스쿨은 유치원 개념이다. 미네르바 스쿨은 성인들에게 유치원 방식으로 무언가를 경험토록 해주는 게 가장 최첨단 대학 유치원 같은 대학이라면 믿을 수 있을까?

미네르바 스쿨 설립자 벤 넬슨 씨는 매년 신입생이 입학하면 "모든 것은 의도적이다", "너희들에게 뇌수술을 해주겠다"고 말한다. 최고 전문가들이 머리를 맞대고 치밀하게 설계한 미네르바 스쿨 교과 과정을 믿고 따르면 새로운 방식으로 사고하게 될 것이라는 표현이다.

'2017 이러닝 코리아(e-Learning Korea)' 국제 컨퍼런스에서 미네르바 스쿨(Minerva School) 설립자 벤 넬슨(Ben Nelson)의 기조강연은 단연 화제였다. 나도 그때 그곳에 참여해 그분의 강연을 듣고 관심이 부쩍 늘었다.

미네르바 스쿨은 2019년에 첫 졸업생을 배출했다. 신생 대학이지만 이미 미래 혁신교육의 본보기로 세계적인 주목을 받고 있다. 평균 100대 1이 넘는 높은 입학 경쟁률로 하버드대보다 들어가기 힘들다고 알려졌다. 이 학교에 도전하는 한국 학생도 늘고 있다. 2016년 이래 매년 3~4명씩 입학하더니 2021년에는 10명이나 합격했다. 2020년 가을 학기에는 180개국에서 2만 5000명이 지원해 45개국 출신 200명이 합격했다.

미네르바 스쿨 신입생은 샌프란시스코에서 1년을 보내고, 2학년 때는 서울과 인도 하이데라바드, 3학년 때는 독일 베를린과 아르헨티나 부에노스아이레스, 4학년 때는 영국 런던과 대만 등에서 공부한다. 4년간 7개 도시를 옮겨 다닌다. 수업은 모두 온라인으로 진행되며 각 도시에 기숙사는 있어도 캠퍼스는 없다. 한국의 경우 현재 서울 용산구 이태원 부근에 기숙사가 있다.

왜 그렇게 미네르바 스쿨이 인기일까? 선택하는 이유를 보면 알 수 있다. 첫째가 '디지털 문해력(Digital literacy)'이다. 즉 기술과 도구 사용 능력, 뉴스 등 미디어 콘텐츠에 대한 이해력 등을 포괄하는 개념인을 들 수 있다. 둘째는 '다양성'에 있다. 셋째로 '지적 자극을 줄 수 있는 시스템'이다. 이를 통해 미래 인재 양성의 요소가 무엇인지 짐작할 수 있다.

비대면 수업이라도 미네르바 스쿨 수업은 과제 준비부터 쪽지 시험, 질의응답, 토론까지 빈틈없이 진행된다. 사회과학, 자연과학, 컴퓨터, 과학, 비즈니스, 예술·인문 5개 계열이 있다. 융합전공을 통해 학생들에게 혁신과 리더십, 폭넓은 사고력 등 실제 사회생활에 꼭 필요한 교육을 하고 있다.

녹화된 강의를 듣는 기존의 사이버대학과 다르다. 온라인 강의를 영상 통화로 진행해 교수와 학생이 실시간으로 소통할 수 있다. 뿐만 아니라 온라인 시스템을 활용해 학생을 체계적으로 관리한다. 미네르바 스쿨 온라인 강의를 통해 교수가 토론 주제를 알려주면 학생은 자신의 입장을 선택해 표시할 수 있다.

미네르바 스쿨 시험은 오픈북 형태다. 학생들의 시험 성적은 A,B,C,D,F 학점을 매기는 기존의 방식을 따르지 않고 수업 영상과 발표 과제 등 학생의 전반적인 학습 수행을 바탕으로 평가가 이루어진다. 미네르바 스쿨에서는 능동학습이 이루어진다. 학생들은 강의와 숙제를 통해 얻은 정보를 이용해 비판적 사고, 창의적 사고, 효율적인 의사소통 방법을 익힌다. 학생들은 문제 해결, 토론, 협업에 집단으로 참여한다. 미네르바 스쿨의 능동학습은 지역사회 협력자들과 함께 실제 세계에서 적용할 수 있는 심화학습으로 보충된다.

졸업 후의 진로는 어떻게 될까. 과학, 교육, 기술, 금융 등 다양한 분야에서 활동하거나 혹은 정부 단체에서 일하게 될 수도 있다. 창업을 꿈꾸는 학생도 많다.

미네르바 스쿨이 하버드 대학을 능가할 정도로 각광받는 이유는 다른 데 있다. 1학년 때부터 기업 인턴십을 참여하게 할 정도로 참여형 학습을 중요하게 생각한다. 수업보다는 경험 전체를 중요시한다. 1학년 과정에서 배우는 수업들은 효과적인 의사소통, 비판적 사고 등에 대한 것들이다. 이를 통해 학생들은 정해진 교과서를 수동적으로 배우기보다는 어떤 주제가 주어지더라도 비판적으로 생각할 수 있는 능력을 배양한다. 미네르바 스쿨은 고정관념에 갇히는 걸 거부한다.

많은 회사들이 일자리 부족을 호소한다. 이는 학생들이 대학에서 배운 것과 실제 회사 생활에서 필요한 지식들이 큰 차이를 보이기 때문이다. "미네르바 스쿨에서는 1학년 때부터 실제 살아가는데 필요하고, 회사에서 필요한 전문성을 기르게 해준다."고 미네르바 스쿨 로빈 골드버그 최고경험관리자는 말한다.

우리 교육에서도 가장 시급한 것이 바로 회사에서 원하는 인력을 양성하는 길이다. 대학에서 학습한 내용과 직장에서 필요한 지식의 간극이 좁아져 언제든지 사회에 활용할 인재가 절실하다. 자원이 부족한 우리나라에서 인적 자원 양성을 위한 한국형 미네르바 스쿨 설립을 기대하는 바다.

6장

평생학습력

lifelong learning ability

"항상 무엇인가를 듣고 무엇인가를 생각하며 무엇인가를 배우자"

-아서 헬프스

01
—
어릴 때 감성 틀을 넓혀라

미술의 '미' 자도 모르던 내가 미술에 관심을 가진 때는 삼십 여 년 전 일이다. 그 당시 친구 동생이 프랑스 파리 대학원에 유학 중이었다. 그녀의 초대로 친구와 나는 아홉 살과 일곱 살짜리 아이를 각각 데리고 파리와 런던에 가기로 했다. 불행인지 행운인지 열흘간의 여행이 주로 미술관과 박물관 순례였다.

"너 그때 그림 본 거 기억나?"

언젠가 나는 그 테마여행의 기억을 되살리며 성인이 된 아들 승우에게 물었다.

"아구, 엄마 그때 기억 아무것도 안나요. 토했던 일밖에요."

그곳 음식에 적응이 안 된 애는 노틀담 성당 관람 중에 드디어 탈이 나고야 말았다. 급히 밖으로 뛰쳐나가 찬바람을 쐬었다. 하얗게 변한 아이의 얼굴을 안쓰럽게 바라보며 등을 토닥였던 일이 생각났다. '내가 뭐하려구 이 어린애를 데려와 고생시키나' 하는 후회감마저 잠시 일었다.

그림에 문외한였던 나는 여행 막바지에 이르자 그림만 봐도 멀미 날 지경이었다. 그림에 신물이 난 이상 당최 관심이 없을 줄 알았다. 귀국 후 사정이 영 달라졌다. 그림에 서서히 끌리기 시작했다. 나를 주눅 들게 했던 그림과의 인연이 내 관심 분야 중 하나로 자리 잡을 줄은 생각지도 못했다. 세상사는 알다가도 모를 일이었다. 앎은 꼬리에 꼬리를 물고 뻗어 나갔다.

그림이란 시대를 대변하는 상징물이다. 세계사, 역사, 문학, 정치, 문화, 신화 등을 포함하는 시대가 낳은 출산물이기 때문이다. 특히 나는 앎에 호기심 많아 어떤 계기로 물꼬를 트면 몰두하는 성향이 있다. 이를테면 미술사가 건축사로 또 다른 것들과 연관지어 마치 구슬을 꿰듯 이어나간다. 학과 공부에 쫓겨 진정 자기가 좋아하던 것을 뒤로하던 학창 시절과는 비교도 안 되는 재미다.

그렇다. 스스로 찾아 하는 공부는 누구도 못 말린다. 우리 아이들에게 꼭 필요한 게 그런 학습력이 아닐까 싶다. 즉 책상머리 공부에서 해방되어 좋아하는 것을 스스로 찾는 거다. 배움의 재미는 학업을 다 마친 후부터 시작된다고 봐도 과언이 아니다.

학창 시절에 공부에 질리면 평생 공부는 그림의 떡이다. 대개 학교 졸업 후 공부와 담쌓는 우리네 풍속도와는 대조적으로 유대인들은 평생 공부를 한다. 즉 아이와 함께 그 방법을 수 천 년 동안 대대손손 잇는다. 그 역량이야말로 그들을 세계 으뜸 민족으로 만드는 원천이기도 하다.

학생으로 산 20여 년 배움은 수박 겉핥기에 불과할 수도 있다. 앞으로 그 시절보다 다섯 배의 삶을 더 살아야 하고 시시각각 달라지는 환경에서 그만큼의 평생 공부가 필요하다. 그걸 실행하는 사람과 그렇지 않은 사람과는 천양지차다. 남은 여생을 즐기며 하고 싶은 일에 빠져드는 것은 매우 멋진 일이다. 이는 삼십 대부터 차곡차곡 준비해야 한다.

테마여행 중 뜻하지 않게 모네 미술관을 방문했다. '수련'을 그린 정원을 직접 밟으며 감회가 새로웠다. 모네의 그림에 나타난 일본 정원도 잘 보존되어 있었다. 여행 후 내친김에 일본 풍속화인 '우키요에' 그림에 반했던 서양 화가들을 찾아보았다. 고흐, 고갱, 모네, 드가, 휘슬러 등이었다. 우키요에 기법은 먹선으로 대상을 정확히 그리고 채색하는 방법이다. 그 당시 서양에서는 스푸마토(sfumato)라 해서 대상을 흐릿하게 그리는 경향이 있었다. 그들은 동서양의 기법을 하나의 화폭에 그렸다. 그림에 얽힌 히스토리 찾기는 공부라기보다 놀이처럼 빠져들게 했다. 그때가 내 나이 젊디젊은 삼십 대 중반이었다.

컴맹이던 나는 미술을 좀 더 알고 싶어 인터넷의 미술 동호인 카페를 찾았다. 그곳엔 미술 전공자나 나처럼 미술에 관심을 가진 초자들이 모여 스터디하고 미술관 나들이도 하곤 했다. 서양 미술사, 동양 미술사 등을 오프라인으로 공부하며 그 배경이 되는 관련 책을 찾아 읽곤 했다. 거기에 빠져 허우적거리던 때가 엊그제 같다. 그런 시기가 있었음에 감사하다.

승우는 엄마의 그림책 공부를 옆에서 보며 비전공자가 독학하는 것도 은연중 배웠으리라. 그게 바로 주변 환경이 아닐까. 아마도 애가 대학 전공 선택 시, 시각디자인 학과를 선뜻 택한 것도 그와 무관치 않다고 생각한다. 요즘 가끔 엄마 손을 잡고 박물관과 미술관을 방문한 우리 아이들을 물끄러미 바라보며 빙그레 미소 지을 때가 있다. 그 시절이 생각나서다.

부모는 아이에게 하나라도 더 알려 주고 싶어 하지만 대개 아이들은 몸을 비비 꼬고 지겨워한다. 그에 비해 테마여행을 하며 부러웠던 광경은 루브르 박물관에 견학 온 유치원생들의 모습이었다. 대여섯 살 정도 되는 아이들이 세잔의 '사과와 오렌지' 그림 앞에 동그랗게 둘러앉아 열심히 스케치했다. 문화적 차이이자 충격이었다. 창의는 모방에서 온다고 했던가. 그런 환경이 어려서부터 몸에 밴 아이들은 누구의 그림을 봐도 생소하거나 멀미도 나지 않으리라.

영국의 자연사 박물관에서의 경험도 잊지 못한다. 세계의 돌을 모아 놓은 그 전시관에서 자연의 오묘함을 느꼈다. 전시한 돌들은 떡국처럼 잘린 단면을 드러낸 채 은은한 전등 빛 아래 뽐내고 있었다. 그 색깔과 무늬가 유명 디자이너의 디자인보다 훨씬 더 아름답고 정교했다. '아, 세상에 새로운 것은 없구나'라는 말이 절로 터져 나왔다. 다 자연의 모방에서 온 것임을 깨달았다. 자연은 위대한 스승이다. 모든 면에 점점 더 디자인이 중시되고 있다. "사자를 알고 싶다면 동물원이 아니라 초원으로 가라"는 말처럼 디자인을 하려면 자연으로 가라는 말이 나올 지경이었다. 미래에 살 아이들에게 가르치고 안내해야 할 것이 무엇일까.

인공지능과 기계가 판을 치는 시대에 그것을 능가할 수 있는 것은 인간 고유의 감성이다. 어려서부터 예술, 문화 등을 경험케 하는 것은 감성 지수를 넓히는 초석이 되며 창의력의 밥이다. 인문학

적 사고와 공학이 합쳐질 때 융합사고의 시너지는 커진다. 컴퓨터나 수학 관련 직업이 대세를 이루기에 더욱 그렇다. 소싯적부터 다양한 볼거리와 책을 통해 감성의 틀을 넓히는 것은 인생의 보약을 먹는 것과 다를 바 없다.

02

—

'대학(大學)민국'

우리나라 교육열은 세계적으로 유명하다. 그 교육열이 딜레마에 빠졌다. '대학(大學)민국'이라 불릴 정도로 대학 진학률이 높고 그로 인한 부작용과 자원 낭비 또한 심각하다. 70% 내외의 높은 대학 진학률 속에서 회의감을 느끼는 학생들도 많다. 진로의 불확실성과 비싼 등록금을 내며 학교 다닌다는 게 얼마나 가치 있는 일인지, 4년제 대학 졸업 후 취직은 가능한지 등등 의문이다. 대부분 대학에 다니는 게 대세인데 그걸 무시하고 대학을 포기하기도 사실상 어렵다. 대학이 사회의 니즈와 수요를 감당할 수 없다는 게 큰 문제이며 4년을 마치고 사회에 나오면 이미 그 지식은 낡은 구닥다리 신세일 뿐이다.

"어른들은 어딜 가든 열심히만 하면 된다고 말씀하시는데, 그 노력을 꼭 대학에서만 해야 하는지 의문이 듭니다. 그렇다고 사회 현장에 무작정 뛰어들어 경험과 실력을 쌓는다고 해도 그걸로 얼마나 만족하며 살 수 있을지도 고민되고요. 모든 게 너무 혼란스럽습니다.”

나침반 36.5도에서 한 대학생이 털어놓은 고민이다.

미래학자 토머스 프레이는 2016년 발표하길 “앞으로 15년 후 대학 절반가량이 문 닫을 것이다.”라고 했다. 세상이 급변하는데 우리의 교육은 답보상태다. 아니, 학벌 과잉에 가치 하락 중이다. 재수는 필수라는 고등학교 4학년생들, 대학을 졸업해도 취업이 불투명해 졸업을 유예하는 대학교 5학년생들, 공시생들(공무원 시험 준비생들 약자), 석박사의 연계 등 만년 학생들로 넘쳐난다.

그에 비해 독일의 고교 졸업생은 세계적 장인이 되어 전 세계를 누빈다. 그들은 마이스터고 졸업 후 3년 여의 직업교육을 받고 곧장 현장에 취직한다. 막무가내식 대학 교육은 받지 않는다. 선취업, 후 공부로 학업을 더 하고자 원할 때 일과 공부를 겸한다.

우리나라 고등학생 중 직업교육을 받은 비율은 OECD 평균의 3분의 1 수준이다. 비효율적 교육 기관을 줄이고, 특성화고나 전문 기술학교를 늘려 선진 미래를 준비할 때다. 독일의 히든 챔피언 수는 1,307개로 세계 으뜸이다. 미국이 2위로 366개, 그 뒤로 3위인 일본이 220개다. 우리나라는 23개뿐이다. 독일에 히든 챔피언이 많은 이유는 혁신, 디지털화, 글로벌화를 통해 끊임없이 변화한 덕분이다.

우리나라도 특수목적고교인 마이스터 제도를 도입해 2010년 21곳이 개교했다. 총 50여 개를 목표로 시행 중이다. 하지만 그다지 각광받지 못하고 있다. 학력 인플레이션도 한몫한다. 고교 졸업장만으로도 가능할 일에 학사나 석박사까지 합세한다. 공부하느라 든 시간과 자원 등 본전 생각을 안 할 수 없다. 한 금융사의 조사에 따르면 자녀 1명이 대학 졸업 때까지 드는 비용이 평균 4억 원에 육박한다는 결과가 나왔다. 한 해 사교육비 총 21조 원까지 합하면 액수는 훨씬 더 증가한다. 학력 인플레이션을 막을 길은 과연 없을까.

세계 첨단산업을 주도하는 실리콘밸리에서는 이미 학력 파괴 바람이 드세다. 학력이 아닌 실력의 중요성을 알았다. 가장 혁신적인 기업 환경을 가진 회사로 평가받는 구글은 대학 졸업장이 없는 직원을 채용하고 있다. 그런 풍습이 우리나라에도 널리 널리 퍼지면 좋겠다. 공부 서열에서 아이들을 해방시키고 타고난 재능과 전문화한 자신의 능력을 마음껏 발휘할 기회이기 때문이다. 다시 말해 인공지능 시대에 기계를 능가할 힘은 곧 인간의 따스한 감성과 독특한 창의, 탁월한 전문성에 있다.

그러려면 현재와 미래를 포용할 교육 시스템의 변화가 시급하다. 오로지 상급 학교 진학만이 목표이고 좋은 대학이 좋은 직장으로 이어진다는 기존의 성공 방정식이 허물어지지 않는 한 크게 벗어나기 어렵다. 자식을 둔 부모라면 누구나 아이를 잘 키워 성공시키려는 욕구로 현 교육 시스템을 따라가기 마련이다. 큰 틀을 갖고 20~30년 후에 우리 아이들이 살아갈 준비를 지금 실천해야 한다. 미래에도 쓸모없는 교육을 시킨다면 얼마나 무가치한 일인가.

어디에 종사하더라도 교육은 미래 삶의 기본 바탕이 된다. 유럽, 영국, 미국, 네덜란드, 에스토니아 등은 발 빠른 행보로 코딩교육, 메이커, 기업가 정신과 에듀테크를 큰 줄기로 맞춤형 교육, 저비용 서비스를 구축해 나가고 있다. 에스토니아는 20여 년 전, 영국 등은

10여 년 전부터 코딩교육을 실시하고 있다. 그 가치와 경쟁력은 정답만을 고르는 수준의 교육과는 비교가 안 된다.

우리도 2018년부터 코딩교육을 계획했지만 학습할 교사의 부족으로 난항을 겪었다. IT 강국인 만큼 빠르게 안착하리라 본다. 기존의 영어가 만국 공통어였듯 미래 세계의 공통 언어인 코딩을 통해 사고력과 창의력을 키우는 능력을 배양할 수 있다. 그 토대로 대학도 산학 연계되어 인재를 바로 쓸 수 있는 기회이기도 하다. 그럴 때 '대학(大學)민국'으로서의 명분도 살아나지 않을까. 결국 미래 강국은 어떤 곳으로 방향키를 돌리느냐에 달려 있다.

03

—

SKY 대학보다 더 좋은 게
평생대학이야

나는 일주일에 한 번 정도 조찬회나 포럼에 간다. 그곳에 가면 노신사분들이 많다. 새벽바람을 가르고 공부에 열중하는 모습을 보면 경건해진다. 한 조찬 모임에서 자주 뵙는 팔십 대 백발의 회장님께 궁금증이 일어 여쭸다.

"회장님은 한 달에 몇 번이나 이런 조찬 모임에 다니세요?"

그분은 서슴없이 이렇게 대답했다.

"SKY 대학보다 더 좋은 게 평생대학이야, 나는 평생대학에 입학한 학생이지. 그래서 우수한 학생이 되려고 주 3~4회 정도는 꼭 다니고 있어요."

왕년에 SKY 대학 나왔다 하더라도 배움을 멈추면 그 순간부터 퇴보다. 평생 학습은 인간의 삶의 질 향상과 자아실현을 위해 평생 이루어지는 학습을 의미한다. 본질은 자기 주도적으로 개인이 스스로 학습 목표를 설정하며 이를 달성하기 위한 주체적 학습자가 되는 데 있다. 앞으로 교육과 기술을 합한 에듀테크의 활용 등으로 평생교육의 시대가 더욱 열린 셈이다.

한국인은 대학 졸업과 동시에 공부와 담을 쌓는 경우가 많다. 진정한 학문은 그 후부터인데 말이다. 유대인 연구에서 힌트를 얻을 수 있다. 이희영 저자의 『솔로몬 탈무드』에 의하면 '배움과 놀이'에 대해 잘 설파했다.

"인간은 죽을 때까지 배우지 않으면 안 된다는 것이 유대인의 기본적인 사고방식이다. 그러므로 놀 수 있는 시기에는 마음껏 놀게 한다." 아이가 놀고 싶을 때 실컷 놀게 하는 게 좋다. 그래야 나중까지 평생 동안 더 공부하는 삶을 살 수 있다. 기존 교육의 유통기한은 생각보다 너무 짧다. 이제 평생직장 개념은 사라졌고, 많은 정규직들이 비정규직이나 서비스업으로 바뀌고 있다. 노동환경의 변화가 크다.

2016년 세계경제포럼(WEF)은 '일자리의 미래' 보고서에서 "전 세계 7세 어린이의 65%는 지금 존재하지 않는 일자리에서 일하게 될 전망이다."라고 했다. 사무직 등 일자리 710만 개가 줄고 수학·컴퓨터 분야 200만 개를 창출할 것이다. 앞으로 우리 아이들의 일자리가 무엇일지 고민이 아닐 수 없다.

20~30년 후에 내 자녀가 어떤 일을 할지 막막하고 감이 잘 안 잡힌다. 그간 호황을 누리던 화이트칼라 직업도 인공지능의 발달로 사향길을 걸으리라고 예측한다. 이제 국가간 벽도 허물어지고 더 글로벌화될 것이다.

사실 일자리 변화는 인간의 욕망과 비례함으로 그렇게 고민만 할 일이 아니다. 공유 경제, 긱 경제 등으로 오히려 위기 아닌 기회일 수도 있다. 인간의 욕망을 무한하므로 만약 피부 마사지 기술을 가진 사람이 값비싼 샵을 갖고 비싼 가격 대신 인터넷 광고를 통해 몇만 원에 싸게 박리다매한다면 얼마든지 수요자를 모을 수 있다. 바로 그게 긱경제의 한 형태다.

긱 경제(gig economy)는 산업 현장에서 필요에 따라 사람을 구해 임시로 계약을 맺고 일을 맡기는 형태의 경제 방식을 말한다. 노동자 입장에서는 어딘가에 고용돼 있지 않고 필요할 때 일시적으로 일을 하는 '임시직 경제'를 가리킨다.

모바일 시대에 접어들면서 이런 형태의 임시직이 급증하고 있다. 택시는 물론 주차대행이나 쇼핑도우미, 가사도우미, 안마사, 요리사까지도 모바일로 호출 가능하다. 이들에 의해 경제가 주도되는 것을 '긱(Gig) 경제'라고 이야기한다.

비대면 코로나로 인해 비정규직, 서비스업은 갈수록 더 늘어나고 있다. 정규직에 종사하는 사람도 퇴근 후 2~3개의 아르바이트를 하는 추세다. 예를 들면 퇴근길에 택배 서비스나 배달 서비스를 하는 등이다. 앞으로는 직(職)보다는 업(業)이 중요한 시대가 되어가고 있다.

즉, 평생직장보다는 평생직업이 중시되고, 100세 고령화에 대비하기 위해서는 긴 인생살이를 둘이나 셋으로 나누어 경작하는 지혜가 필요하다. 그 가교역할은 평생 학교를 통해서 배우고 실행해야 한다. 현재 몸담고 있는 직장에 다니며 틈나는 대로 자신의 기능을 확대해가는 일을 평생 학교에서 터득해 가는 지혜가 필요하다.

한때 피터 드러커나 톰 피터스 같은 사람들과 어깨를 같이 하며 세계를 움직이는 50인의 한 사람이자 런던 비즈니스 스쿨의 교수인 찰스 핸디는 『코끼리와 벼룩』이라는 책을 냈다. 그 책은 마흔아홉 되는 생일날에 이제까지 본인이 근무하던 직장을 스스로 그만두고 프리랜서로 독립생활을 내용으로 시작한다.

그는 자기가 근무한 로열 더취 셀 석유회사나 런던 비즈니스 스쿨은 코끼리와 같이 거대한 기업이 평생을 책임져 주는 사실에 기쁨을 느꼈다. 그러나 곧 그들이 나의 인생을 대행해 줄 것이라는 확신이 없기 때문에 대기업의 큰 울타리를 과감하게 벗어났다. 독립적으로 홀로 자유분방하게 살아가는 벼룩으로 전환했다.

벼룩은 스스로의 힘으로 몸길이의 열세 배나 점프하여 높게 튀어 올라가는 힘을 가지고 있다. 벼룩은 뛰는 데 적합한 뒷다리와 정보를 재빨리 찾아내기 위한 특수한 감각 기관을 갖고 있다. 거대한 조직이나 기업을 코끼리에 비유한 이유는 젊은 나이에 기업에 입사하여 경험을 쌓은 후에는 코끼리로부터 벗어나 자신의 삶을 추구하는 벼룩으로 변신해야 한다는 것을 역설하고 있다.

이제 조직이나 직장에서도 고용의 댓가만으로는 유능한 인재를 끌어들일 수 없을 뿐 아니라 그들의 무조건적인 열정과 충성심도 기대할 수 없다. 나만이 가지고 내세울 수 있는 핵심역량 브랜드를 정의하고 당당하게 조직에서 이를 내세울 수 있어야 한다. 자신의 경력이나 삶을 관리해 줄 수 있는 사람은 자기 자신밖에 없다. 어떻게 보면 개개인은 전문성을 가진 '1인 사장'이요, '1인 기업가'로서의 역할을 수행해야 하는 시대로 변화하고 있다.

사람은 사회 환경이 변화함에 따라 그에 적응하기 위해 끊임없이 교육을 받아야 한다. 그런 의미에서 평생대학은 고령화 시대를 살아가는데 있어서 선택이 아닌 필수다. SKY 대학보다 평생 학교 가 더 중요한 이유다.

04

유대인은 왜
어릴 때부터 경제 교육을 시킬까

세계 거부인 워런 버핏에게 어느 부모가 물었다. "제 아이가 6살인데 지금부터 돈 공부를 시켜도 되나요?" 그의 답변은 이랬다. "죄송하지만 이미 늦었습니다." 세계적인 부자들은 자녀가 어릴 때부터 용돈 관리를 교육시키며 철저한 경제 관념을 길러주었다. 독일의 부모들도 아이에게 경제 관념을 일찍 가르친다. 보통 4세부터 용돈을 조금씩 주며 푼돈의 가치를 가르치고, 9세까지는 주급, 그 이후엔 월급으로 용돈을 주어 꼼꼼하게 규칙을 세운다. 13세가 되면 법적으로 아르바이트를 할 수 있기에 스스로 용돈을 벌어 쓰면서 자연스럽게 경제적인 자립이 가능해진다.

아이의 경제 관념은 어떻게 키워야 할까? 집안일을 한 댓가로 시작하는 용돈 관리가 나중에 경제생활의 핵심이 되듯 작은 것이 쌓여 큰 성과를 이룬다. 세계 부를 주름잡는 유대인에게서 그 답을 찾을 수 있다. 유대인은 갓난아이 때부터 경제 교육을 받는다. 남자아이 13세, 여자아이가 12세에 치르는 성년식인 '바르 미츠바' 때가 되면 거의 완성 단계에 들어선다. 바르 미츠바란 유대인들에게 결혼식과 쌍벽을 이룰 정도로 중요한 의식이다. 결혼식처럼 가족, 친척, 친구 등 많은 사람들이 모여 축하해준다. 평균 3만~ 6만 달러를 갖게 된다. 그렇게 모아진 부조금이 10년 이상 금융상품으로 불어난다. 그것을 직접 확인함으로써 금융상품을 이해하고 장기투자에 대한 지식을 갖는다. 복리 효과도 봄으로써 금융에 대한 이해 또한 빠르다. 유대인들은 그런 종잣돈을 탕진하거나 무의미하게 쓰는 일이 거의 없다고 한다. 이유는 무엇일까? 바로 이 돈에는 뜻깊은 가치와 사랑이 듬뿍 담겨 있어서다. 그들은 사회생활을 시작하는 나이인 23세~30세에 이미 종잣돈을 갖고 출발한다.

그들은 어려서부터 집안일로 용돈도 벌고 소소한 장사 등을 실천함으로써 기업가 정신과 나눔 정신을 일찍 터득한다. 미국 내 유대인 인구의 비율은 2% 정도밖에 되지 않는다. 하지만 미국 국내 총생산의 20%가 그들의 몫이다. 이는 유대인 경제 교육의 결과물이다.

유대인 부모는 아이들에게 돈의 노예가 되지 말라고 가르친다. 돈을 무시하라는 것이 아니다. 돈을 숭배하지는 말되 천시하면 안 된다는 것이다. 유대 격언 중 '재산이 많으면 그만큼 근심이 늘어나지만, 재산이 전혀 없으면 근심은 더욱 많아진다'는 말이 있다. 돈은 인생의 모든 것을 이루는 데 필요한 도구이기 때문에 중요하다는 인식을 철저히 가르친다.

그런 경제 노하우로 세계 리더의 기반을 쌓는다. 그 예로 페이스북의 마크 저커버그를 들 수 있다. 그는 20세에 회사를 창업했다. 2021년 37세의 나이로 세계 부호 7위로 등극했다. 미국 경제 전문지 포브스가 자산 10억 달러 이상의 세계 부호들을 집계한 '2020년 세계 억만장자' 순위를 발표한 결과다. 더 놀라운 것은 부의 사회 환원이다. 그의 딸이 태어남과 동시에 했던 약속으로 자신의 지분 99%를 사회에 환원하겠다고 했다. 큰 결심이 필요한 일이다.

유대인들은 미국 월가의 빌딩과 금융회사를 30%나 소유하고 있다. 현재 이스라엘의 인구는 약 830만 명이다. 유대인 대다수는 전 세계에 퍼져 있으며 상당수가 미국에 거주한다. 소수인 그들이 노벨상 30%, 아이비리그 입학 30%, 세계 경제인 석권 등의 실적을 나타내고 있다. 미국 경제 대통령으로 불리는 연방준비제도(Fed) 의장직은 지난 40년간 4대 연속으로 유대인이 독식했다. 역대 의장 15명 중 11명이 유대인이었다. 대형 금융사 골드만삭스와 JP 모건 등도 유대인이 세운 회사다. 전 세계 거부의 약 1/3이 유대인이다.

우리 아이들에게도 일찍이 부의 개념과 소명 의식을 제대로 일깨울 필요가 있다. 우리나라가 유대인보다 성과 면에서 뒤지는 이유는 무엇일까? 학습 방법의 차이와 사회 문제에서 기인한다고 볼 수 있다. 그들은 수천 년간 경제 관념에 대한 의식이 뚜렷한데 반해, 우리는 먼 부모 세대부터 경제에 대한 지식들이 적은 경우가 많았다. 우리는 돈에 대해 제대로 배운 적도 없고 각종 유교 사상 등에 의해 돈을 터부시하는 경향이 많았다.

그중에서도 자녀의 경제적 자립을 막는 요인 중 하나가 부모의 태도에 있음은 부인할 수 없다. 아이가 한창 성인이 된 이후에도 그들을 놓지 못하고 감싸는 지원형 부모가 있는 한, 자녀의 경제 독립은 어렵다. 유대인들은 그와 반대다. 세상을 살며 부딪히게 될 각종 위기에 대비하기 위해서 강하게 자립시킨다. 편안함과 달콤함에 빠진 벌은 더 이상 꿀을 모으지 않기 때문이다.

최근 20~30대들은 달라지고 있다. 돈에서 자유로워지길 바라며 적극적으로 주식, 부동산, 비트코인 등에도 투자한다. 확고한 금융 지식 없이는 경제도 없다고 한다. 부유한 삶의 목적이 무엇인지 정립되지 않으면 모래성 쌓기나 다름없다. 미국 연방 준비위원회 전 의장 앨런 그린스펀은 "문자 문맹은 생활의 불편을 가져오지만, 금융 문맹은 그 사람의 생존이 달려 있다"라고 했다.

부모라면 누구나 자녀가 부유하게 살길 원한다. 불행히도 우리나라 신용불량자의 9%가 20대다. 거기에는 등록금 대출받은 거, 생활비 등이 포함되기도 한다. 희망차게 출발할 사회 초년생이 채무자로 시작하는 것은 매우 안타까운 일이다.

게다가 대학 졸업생의 절반이 미취업자로 살아가고 있다. 이 또한 사회 전반의 적신호를 나타낸다. 취업자의 경우 월급을 받으면 자산 관리 능력이 없어 계획없이 쓰거나 부모에게 맡기는 경우가 흔하다는 보고가 있다. 위에서도 말했듯 부모들 역시 경제 교육을 제대로 받은 적이 없어 돈의 운용 면에서 과히 훌륭하다고 할 수 없다.

우리 자녀가 부유하게 살길 원한다면 아이의 경제 목표를 함께 고민해보고 어려서부터 차근차근 경제 교육을 진작시키는 노력을 기울여야 한다. 이는 아이에게만 해당되는 것이 아니라 부모의 학습 역시 동반되어야 한다. 돈을 버는 것도 중요하지만 잘 쓰는 방법 또한 매우 중요하다. 교육을 통한 경제 습관이 몸에 밴다면 우리도 올바른 경제인으로 성장할 기회가 더욱 많아질 것이다.

05

책은 만져만 봐도 반은 읽은 거다

　얼마 전 인간개발연구원의 문화탐방단 일원으로 양평, 가평의 여러 곳을 둘러보았다. 서울에서 출발한 버스가 목적지에 가까워질수록 아름다운 산과 들이 차창 밖으로 스쳐 지나갔다. 목적지에 도착후 여러 장소를 방문했는데 가장 인상적인 곳은 잔아문학박물관이었다. 소설가 김용만 씨가 사재를 털어 운영하는 문학박물관이다.

　'잔아'는 김용만 관장의 필명이자 소설 『잔아』에 등장하는 주인공이다. 성장 과정에서 혹독한 시련과 슬픔을 온몸으로 체험한 김용만 관장의 분신이기도 한 잔아를 통해 이와 대칭되는 삶의 환희, 기쁨, 행복, 인간의 진실성을 추구하려는 의지에 따라 박물관 이름도 '잔아'라고 지었다.

　그곳에서 한국문학, 세계문학, 아동문학 등 우리나라 근현대문학외에 해외 대문호들의 작품과 삶을 만날 수 있다. 우리나라 유일의국내외문학전문박물관이다. 전시실 1층에는 세계문학 및 아동문학전시실이 있고 2층은 국내 문학관으로 구성되어 있다.

가장 먼저 소개되는 세계문학전시실에는 잔아 김용만 관장이 세계 100여 개 나라의 문학관들을 방문하면서 썼던 『세계문학관 기행』의 책 내용을 중심으로 한 이야기가 주류를 이룬다. 해외 탐방시 수집했던 자료들도 함께 전시되어 있었다.

게다가 점토를 구워 만든 수많은 테라코타 작품들을 김용만 관장의 부인이 직접 만들었다고 한다. 부인은 시인이며 조형예술가인 여순희 작가였다. 그가 직접 우리 일행을 안내했다.

"아이들을 위해 무조건 집안 여기저기에 책을 둬야해요. 책을 읽든 안 읽든 상관하지 마세요. 책 속에 파묻혔던 기억을 가지고 있으면 언젠가는 책과 친해지니까요. 정 안 읽으면 만화로 된 책이라도 주세요. 여기에 세계문학이 즐비하게 소개됐는데 만화로라도 그것을 본 애들은 달라요. 훨씬 흥미를 보이거든요."

요즘 우리 사회가 책 읽는 비중이 줄어 안타깝다고 했다. 내 중고등학교 시절 단짝 친구 집에 세계문학 전집이 책장 가득 꽂혀 있었다. 그 친구에게 자주 책을 빌리곤 했다. 처음 대하는 세계문학이 낯설고 그에 깔린 역사 문화적 소양이 전무해 도통 이해가 가지 않았다. 당시의 조악한 번역도 한몫했을 것이다. 별 재미를 못 느꼈다. 고작 몇 권의 책을 읽으며 느꼈던 공통점 몇 가지를 지금도 생생하게 기억한다. 사랑, 종교, 선악 등이었다.

노벨문학상을 탔다는 기라성같은 작품에도 항상 그것들이 따라다녔다. 아직 인생을 알지 못하던 때 나의 궁금증은 눈덩이처럼 불어났다. 아마도 나는 그 시절 노벨문학상 정도라면 인생의 옳은 길만을 제시해야 한다는 청교도적인 생각이 지배적이었다고 볼 수 있다. 그러면서도 세계문학 전집에 대한 호기심도 같이 커졌다.

나중에 돈을 벌면 세계문학 전집을 구입하겠다고 다짐했다. 월급날이면 서점에 들르는 게 낙이었다. 마침 삼성당에서 나온 문학 전집이 유행했다. 서점에서 24개월 할부 구입을 권했다. 그 책을 사 놓고 많이 뿌듯했다. 100권 세계문학 전집 읽기의 첫걸음을 뗀 것이다.

하지만 일상에 치여 생각만큼 읽기에 속도가 붙지 않았다. 이책 저책 꺼내 보기만 한 경우가 많았다. 옛 생각이 잦아들 무렵, 잔아박물관 한쪽 벽면에 적힌 '책은 만져만 봐도 반은 읽은 거다'라는 문구가 내 눈에 들어왔다. 위로가 되었다.

이웃에 살던 사촌 동생이 그 책들을 읽고 싶다고 할 때마다 아낌없이 빌려주곤 했다. 그리곤 되돌려받지 않은 채 책장은 차츰 비어갔다. 그때 봤던 낯익은 제목의 책들이 박물관에 있었다. 가슴이 뛰었다. 전집을 제대로 읽지 못한 아쉬움 반, 만져보기라도 했던 그리움 반이 뒤섞인 감정이었다.

김용만 관장은 우리 일행을 가이드하며 간간이 당신의 말을 전했다.

"제가 모 대학 국문과 신입생 아이들 첫 개강 시에 학생들한테 뭐라고 한 줄 아세요? 여러분들 문학을 하려면 간혹 일탈 행동할 수 있는 용기도 필요해요."

글쓰기의 고뇌에 대한 엄포성 발언인가. 전혀 예상치 못한 일까지 경험할 각오가 설 때 비로소 진정한 글이 된다는 뜻일까. 여러 생각을 하며 이곳저곳을 관람했다.

"내 말을 들은 학생들은 어안이 벙벙해지며 무슨 저런 엉터리 교수가 있어? 라는 표정이었지요."

신입생들은 거창한 문학 이론을 기대했을 텐데 허탈한 메시지에 그만 허를 찔렸다고 생각했을까. 아마도 그 속에는 창의적 발상 내지는 괴짜 기질로 세상의 이면까지 꿰뚫어 보라는 메타포가 담겨 있었으리라. 그의 발언이 관람 내내 머릿속에 맴돌았다.

학교에 가지 않아야 소설이 된다는 역설처럼 삶의 이면까지도 들여다봐야 원이 아닌 구의 관점으로 글을 쓸 수 있다는 말과 일맥상통하는 걸까. 아쉽게도 그 옛날 빌려줬던 세계문학 전집들이 흔적도 없이 행방불명되고 이사 등으로 그 시절의 세계문학 전집을 단한 권도 소지하지 못했다.

그런 반면 한 지인은 최근에 자그마한 개인 도서관을 마련했다. 그동안 잦은 이사하면서도 각종 책들을 보관해온 덕이다. 그녀는 그 많은 책을 다 읽지는 못해도 책 속에 파묻혀 있을 때가 가장 행복하고 뿌듯하다고 말한다. 책을 좀 더 소중히 하고 그 소장의 가치에 대해 생각해 볼 필요가 있다. 책은 만져만 봐도 절반은 읽은 셈이니 말이다.

06
—
우리 아이
부자 습관 기르기

부모들은 아이가 평생 경제적 자유를 누리며 행복하게 살길 원한다. 세상이 급속히 변하면서 안정적인 평생직장은 사라지고 있다. 이런 시대에 내 아이가 경제적 자유를 누리며 안정적으로 살아가려면 어떻게 준비해야 할까?

세계 부의 30%는 유대인이 차지한다. 그들은 태어난 순간부터 무덤에 갈 때까지 돈의 중요함과 숭고함을 배우고 생활화한다. 갓 태어난 아기의 자장가에 '이것 팔아 무얼 살까' 등의 내용이 있다. 어린 자녀에게 돈 버는 법을 가르치지 않는 것은 자녀를 도둑으로 키우는 것이라는 『탈무드』의 가르침을 생활에서 실천하는 민족이다.

세계적 석유회사 로열 더치 쉘의 설립자 마커스 새뮤얼은 어릴 적 뒷골목에서 노점상을 운영하던 아버지를 도우며 장사를 배웠다. 그는 아버지와 함께 일을 하면서 '희소성의 원칙'을 몸소 깨우쳤다. 별 쓸모가 없어 보이는 것도 희소가치가 있으면 비싸게 팔 수 있다고 여긴다.

어린 나이에 영국에서 일본까지 배를 타고 홀로 건너간 그는 일본 개펄에 널려 있는 조개껍질을 사업 아이템으로 생각해 냈다. 당시 영국에서는 흔하지 않은 조개껍질을 일본에서 영국으로 수출해 꽤 큰 돈을 벌었다. 로열 더치 쉘의 로고가 조개껍질인 이유가 여기 있다. 이후 인도양을 건너오면서 그는 인도네시아 원주민들에게 관심 밖이던 석유를 사들여 석유 사업을 했다. 어릴 때부터 경제와 사업 속에서 큰 아이는 스스로 거대한 회사의 주인이 되었다.

돈의 가치를 알게 하는 데 어린 나이란 없다. 투자의 귀재 워런 버핏은 "6세에 돈에 대한 공부를 시켜도 되는가?"라는 질문에 "이미 늦었다"라고 답했다. 『월스트리트저널』에 따르면 만 5세 아이는 5달러로 무엇을 살 수 있는지 판단할 능력이 있고, 만 7~8세 아이는 저축과 투자가 무엇인지 이해할 수 있으며, 만 13~14세가 되면 계좌를 개설해 주식을 고르고 거래할 수 있다고 했다.

우리 아이의 경제교육은 언제부터가 좋을까? 아이마다 차이가 있겠지만 보통 만 4세부터는 동전과 지폐의 차이를 알게 되고 돈의 금액도 구분하기 시작한다. 용돈은 7세부터 간헐적으로 주고 보통 초등학교 1학년부터는 정기적으로 주는 것이 좋다. 초등학교 저학년의 경우 주당 2천~6천원, 평균 만 원 정도가 적당하다. 용돈을 처음 줄 때는 간격이 일주일을 넘지 않는 것이 좋고, 초등 3~4학년이 되면 주기를 2주 단위로 늘리고, 고학년이 되면 한 달 단위로 늘리는 것도 괜찮다.

간단한 심부름은 3세 정도부터 가능하다. 아이와 어느 정도 의사

소통이 될 때는 저금통을 곁에 두고 심부름을 해서 받은 동전을 스스로 저금통에 넣어 저축하는 교육을 하는 것도 좋다. 5세 아이의 심부름 용돈은 몇백 원 정도가 적당하다.

미네소타대학 명예교수 마티 로스만의 연구에 따르면 어릴 때부터 집안일을 해온 아이들은 통찰력, 책임감, 자신감이 더욱 높았다고 한다. 하버드의대의 조지 베일런트 교수가 11~16세 아동 456명을 약 35년간 추적 조사한 결과, 성인이 되어 성공한 삶을 꾸린 아이들의 유일한 공통점은 바로 어린 시절부터 경험한 집안일이었다. 아이가 가족 구성원으로서 집안일을 돕고 그 대가로 용돈을 받는 것은 살아 있는 경제교육이다.

성인이란 자기 일에 책임을 질 수 있는 사람을 뜻한다. 책임을 진다는 것은 경제적 독립을 빼고서는 성립할 수 없다고 본다. 나는 아이가 대학교를 졸업하면 부모로부터 완전히 경제적으로 독립하는 것을 목표로 아이에게 용돈주는 규칙을 세웠다. 아이가 집안 청소하고 심부름하면 동전을 주었다. 그 돈을 돼지 저금통에 모았다가 아이와 함께 은행에 가 아이 본인 명의의 통장을 직접 만들게 해 스스로 관리하도록 했다. 중학교 때부터 대학교까지는 정기적으로 아이와 상의해 정한 용돈을 아이의 통장으로 송금했다. 즉 등록금, 수업료, 학원비, 옷과 휴대폰 구입비 등 아이를 위해 지출될 것을 아이 통장으로 입금시킨 후 그 통장에서 사용하게 하는 식이었다.

아이는 자기에게 들어가는 돈이 한 달에 얼마인지 통장을 통해 스스로 확인하곤 놀라기도 했다. 특히 핸드폰 비용 등도 아이 통장에서 인출되니 스스로 절약하고 부모의 수고에 감사할 줄도 알았다.

나는 빈말이라도 '엄마가 너를 위해 쓴 돈이니 나중에 네가 돈을 벌면 갚아야 한다'는 말도 잊지 않았다. 또한 용돈을 쓸 때 아무리 작은 금액이라도 체크카드를 사용해서 지불하도록 했다.

체크카드는 발급이 간단하고 카드 사용과 동시에 본인의 통장에서 돈이 빠져나가기 때문에 통장 기록을 통해 사용 내역을 아이 스스로 확인할 수 있었다. 그게 바로 용돈 기입장 역할을 했다. 카드를 사용하면 사업자의 매출액이 노출되어 소득세나 부가가치세를 적정하게 납부할 수 있게 된다는 이야기를 들려주었다.

또한 부모는 이를 통해 소득공제를 받아 절세할 수 있다는 말과 함께 아이와 경제에 관련한 대화를 나눌 기회도 되었다. 경제와 세금에 대해 자연스레 교육할 수 있는 좋은 기회였으니 일거양득인 셈이었다.

부모가 주는 돈이 공짜가 아니고 부모님이 어렵게 번 돈이란 걸 알게 되어 자연히 군것질, 물품 구입이나 휴대폰을 사용할 때도 요금에 신경을 쓰는 등 스스로 돈의 중요성과 절약 정신을 몸소 깨닫고 경제적 능력을 키우는 데 많은 도움이 되었다.

아이들이 어릴 때 '부루마블 게임'을 무척 좋아했다. 그 게임을 하면서 투자, 자산, 부채, 은행 등에 대해 두루 금융지식을 배운 것 같다. 지금도 가끔 특별한 때에 그 게임을 가족이 함께 즐기곤 한다. 그런 여파인지 아이가 직장에 들어가서는 우선 종잣돈을 만들기 위해 열심히 저축했다. 구입과 유지 관리에 돈이 많이 드는 승용차 구입 등은 아예 생각지도 않았다. 아이는 금융상품이나 부동산, 주식 등에 관심을 갖고 규모있는 경제 습관을 실천하면서 대학교 입학시들은 주택청약통장을 활용하여 집도 수월하게 장만할 수 있었다.

결국 돈에서 자유로워지려면 금융 지식을 넓혀 돈이 돈을 버는 순환 구조를 만들어야 한다. 초저금리 시대에 모아둔 돈을 저축만 하는 것으로는 물가 상승률까지 고려할 때 좋은 선택이 아닐 수 있다.

경제생활에서 각 개인이 스스로의 의지로 행동할 수 있는 자유 즉, 돈으로부터 자유를 얻는 부의 재인식이 필요하다. 필자는 저서 『우리 아이 부자습관』이라는 책에서 유대인, 독일, 미국, 프랑스, 뉴질랜드 등 우리가 몰랐던 세계의 자녀 경제교육법의 핵심을 자세히 다뤘다. 필요하다면 참고하길 바란다.

부자가 되는 것은 부자 습관과 돈에 대한 확고한 인식, 그리고 부모의 관심과 부에 대한 교육이 만들어낸 하나의 결과물이다. 로버트 기요사키가 『부자 아빠 가난한 아빠』 책에서 주장하는 것처럼 자녀에게 물려줄 것은 돈이 아니라 돈을 대하는 똑똑한 부자 습관이다. 그것이야말로 최고의 유산이 아닐까.

겸손

modesty

"귀로 듣지 말고 마음으로 들어라"

-장자

01

—

가장 아름다운 섬,
그래도(島)

가장 가보고 싶은 아름다운 섬 중에 이어도, 귀촉도, 그래도(島)가 있다. 상상의 섬 '그래도(島)'를 생각하니 김승희 시인의 시 「'그래도'라는 섬이 있다」가 기억난다. 벚꽃이 만개하던 어느 날 전화기 너머에서 들리는 목소리는 매우 느리고 어눌했다.

"작가님, 인터뷰 요청드려요"

"네, 누구신데요?"

"김형환 교수의 1인 기업 교육을 마친 사람인데요. 제가 50인을 인터뷰해서 감사에 관한 책을 쓰려는데, 시간 내주실 수 있나요."

며칠 후 그와 만나기로 했다. 약속 장소에 나간 나는 자못 놀랐다. 그는 걷기, 말하기 등이 불편한 40대 지체장애인이었다. 그런 몸으로 대중교통을 이용해 약속 장소까지 왔다는 사실이 놀라웠다. 그가 내게 인터뷰를 요청했다는 것 자체가 감격이었다. 인터뷰 시간 내내 최선을 다해야겠다는 생각이 들었다.

인터뷰가 시작되었고, 불편한 몸으로 자신의 의사를 최선을 다해 표현하는 그의 모습은 감동적이었다.

선천성 뇌성마비라고 했다. 그런 그의 노력과 도전에 존경심이 들었다. 그는 다른 사람을 전혀 의식하지 않는 듯 웃음까지 머금으며 태연했다. 그런 용기는 어디서 나오는 걸까? 혼자서는 한 발짝도 뗄 수 없는 중증의 장애로 휠체어에만 의지하던 그에게 어느 순간 깨달음이 왔다고 한다.

우선 휠체어 의존도를 줄여보기로 했다. 먼저 집에서 할 수 있는 가벼운 운동부터 시작했다. 수건을 이용해 몸통 운동을 하고, 페트병에 물을 담아 들어 올리기 등을 꾸준히 했다. 그 후 최대한 밖에 나가 사람들을 만났다. 힘들지만 발음 연습도 날마다 했다. 그는 그렇게 노력함으로써 인간관계 또한 보통 사람 못지않았다.

그런 힘의 원천은 초등학교 때부터 함께 등,하교를 하며 온갖 수고를 마다하지 않는 부모님의 사랑과 헌신 덕이라고 했다. 그는 방송통신대학에서 법을 전공하기도 했다.

최근에 그에게 또 다른 희망의 빛이 서서히 발하기 시작했다. 3권째 책을 집필 중이고, 강연의 기회를 얻는가 하면 장애인 영화감독으로 활약하며 모 방송사 기간제 모니터링 직원으로도 다시 발탁되었다. 현실은 지독한 가난과 장애물의 그늘이 켜켜이 쌓여갔지만 결코 굴복할 수는 없었다.

걷기 시작 후 한시도 멈출 수 없는 이유를 몸으로 증명하며 타의 모범이 되고 있다. 그는 명강사가 되기 위해 오늘도 불편한 몸으로 '가갸거겨고교구규' 등의 발음을 수시로 연습한다고 했다. 그의 진솔하고 부지런한 노력 뒤에는 성실함을 인정하는 사람들의 응원의 힘도 크다. 이를테면 페이스북, 블로그 등 SNS 친구들이 보내는 응원의 박수는 큰 자극이라고 한다. 이 작가의 치열함과 인내, 감사 또한 평범한 사람에게 큰 귀감이 아닐 수 없다.

비록 그의 육체는 장애일지언정 결코 마음 장애가 아님을 만천하에 표방한 셈이다. 건강한 신체를 타고났음에도 마음 장애를 겪는 이도 생각보다 많다. 불굴의 의지로 견뎌내는 이 작가를 보며 육신 멀쩡한 내 자신이 부끄러워졌다. 이 작가와의 만남은 나 자신을 되돌아보는 성찰의 시간과도 같았다. 어떻게 살지에 대해 만감이 교차하는 기시간이었다.

어려운 처지를 극복하고 세상 사람을 감동시키는 예는 생각보다 많다. 그들은 여의치 않은 조건에서도 자기만의 꿈과 목적을 향해 도전한다. 여건과 처지를 불평하지 않고 그들은 더 치열하게 살아간다.

보고, 듣고, 말하지 못하는 장애인이었던 헬렌켈러는 미국의 작가이자 사회 복지 사업가였다. 세계 최초로 대학교육을 받은 장애인이었다. 갖은 노력 끝에 말하는 능력을 회복하고 하버드 대학에 입학하여 우등으로 졸업하는 등 훌륭한 사회인으로 성장한다. 헬렌켈러는 많은 장애인들에게 희망을 주었다. 그녀는 장애인들을 위한 교육, 사회복지시설의 개선을 위해 앞장섰고, 여성, 노동자 등 소외된 사람들의 인권을 위해 사회운동을 펼쳤다.

김승희 시인의 「'그래도' 라는 섬이 있다」가 생각났다.
가장 낮은 곳에

젖은 낙엽보다 더 낮은 곳에
'그래도'라는 섬이 있다.
(중략)
그래도라는 섬에서
그래도 부둥켜안고
그래도 손만 놓지 않는다면
언젠가 강을 다 건너 빛의 뗏목에 올라서리라.
어디엔가 걱정 근심 다 내려놓은 평화로운
그래도 거기에서 만날 수 있으리라.

'그럼에도 불구하고'라는 단어가 굴복하지 않는 의지라면 '그래
도'는 가슴에서 붙들고 놓지 않는 꿈이라고 할 수 있다. 자신의 처지
가 바닥이라 해도 힘차게 외치며 일어서는 인생은 경건하기까지 하
다. 요즘처럼 팍팍한 세상, 이를 이겨내기 위한 아름다운 섬 '그래
도(島)'를 상상하면 어떨까.

02
—
애정 결핍의 끈

영화 『세 자매』를 보았다. 자주 못보던 친구 몇 명과 함께 한 자리였다. 『세 자매』는 2021년 1월에 개봉한 이승원 감독, 문소리, 김선영, 장윤주 주연의 한국 영화다. 분위기는 대체로 어둡고 우울했다. 1남 3녀의 남매는 어린 시절 아버지로부터 심한 학대를 당한다. 게다가 엄마의 무관심으로 기댈 곳조차 없이 성장했다. 어느덧 결혼해 자식을 낳아 길렀지만 3대째 심적 방황을 겪으며 삶을 견디어낸다.

애정 결핍으로 인한 피해는 성인이 된 이후에도 그 빈자리가 채워지지 않는다. 과거의 아픈 상처를 치유하지 못한 채 그들은 평생 마음의 짐을 지고 살아간다. 마치 다람쥐 쳇바퀴 돌리 듯 사는 그들이 답답할 정도다. 심신이 편치 않은 3대는 언제 터질지 모르는 화약고를 가슴에 품은 듯 불안하기 그지없다.

자식들은 팔순 아버지 생신날, 모처럼 온 가족이 식사 모임을 갖는다. 목사님을 모시고 식사를 하는 중 정신박약 막내 남동생이 드디어 돌발 행동을 한다. 40살이 넘은 그가 갑자기 목사님의 그릇을 향해 오줌을 갈긴다. 식사 장소는 난장판이 되고 딸들은 이때다 싶어 학대를 가했던 아버지의 잘못에 사과를 종용한다. 하지만 아버지는 묵묵부답인 채 창가 쪽으로 가 유리창에 자신의 이마를 마구 부딪힌다. 이마의 피가 얼굴로 흘러내린다. 이 가족 하나하나가 애정 결핍에 시달리며 감정의 극한 상태까지 이르게 된다.

세 자매는 각자 결혼 생활을 하면서도 아닌 척, 잘하는 척, 술에 취하지 않은 척하며 기만적인 생활을 한다. 그게 바로 이중성격, 즉 페르소나가 아닐까. 페르소나란 그리스 어원의 가면을 나타내는 말로 외적 인격 또는 가면을 쓴 인격을 말한다. 어쩌면 우리 모두는 각기 다른 가면을 쓴 채 오늘을 사는지도 모른다. 가식의 삶을 산다는 게 얼마나 고통스럽고 외로운가.

차라리 누군가에게 자신의 서러움을 털어놓고 도움을 청한다면 치유받기도 쉽다. 사람들은 남의 불행에는 비교적 관대한 편이다. 동정해주고 위로하며 친절을 베푸는 경향이 있다. 하지만 마음의 문을 걸어 잠근다면 닫힌 문을 열기는 힘들다.

사람은 누구나 사랑받으며 살길 원한다. 이러한 소망을 방해하는 요소는 무엇일까. 바로 억압된 주변 환경과 그 외의 다른 일들의 합성일 것이다. 이런 경우 어떻게 치유의 길을 모색해야 할까. 인간은 누구나 불완전한 존재다. 그래서 쉽게 상처받곤 한다. 그것을 최소화하려는 노력이 무엇일지 생각해보면 어떤지? 이 지점에서 배우 윤여정이 혼자서도 아이 둘을 건사하며 지독하게 살아낸 의지가 돋보이는 반면 『세 자매』 부모와 너무 대조적이다.

배우 윤여정은 영화 『미나리』로 2021년 제 93회 아카데미 여우

조연상을 수상했다. 그녀에게도 아픈 가족사가 있다. 이혼한 윤여정은 힘든 처지에서 두 자녀를 양육해야 했다. 큰아들은 미국의 명문대 콜롬비아 대학을 졸업 후 미국 ABC뉴스팀에서 근무하다 퇴사했다. 그 후 본인이 원하는 패션업계에 종사한다. 둘째 아들은 애정 결핍으로 인한 틱 장애가 있었다. 틱 장애를 가진 사람은 순간적인 눈 깜박임, 목 경련, 얼굴 찡그림이나 어깨 으쓱임 등의 증상이 있다. 하지만 틱 장애를 극복하고 외국계 힙합 레코드사에서 열정적으로 일한다.

윤여정의 파란만장한 미국 생활을 미국 LA 타임즈는 이렇게 말한다. "주부이자 어머니가 되는 데 전념했던 결혼생활에 종지부를 찍고 어린 두 아들을 키우기 위해 시급 2.75달러 슈퍼마켓 계산원으로 일했다." 남편에게 땡전 한 푼 못 받고 미국에서 한국으로 온 그녀는 단역부터 남들의 체면을 따지지 않고 소처럼 일했다. 그렇게 헌신했음에도 부족해 윤여정은 자식들에게 아직도 늘 미안한 마음이 있다고 말한다.

윤여정 가족은 아픔을 하나씩 해결해나가는 적극적인 가족이다. 그 차이는 무엇일까. 우리는 영화 속 『세 자매』 가족과 윤여정 씨의 가족을 비교해 보며 고난을 어떻게 극복할 수 있을지를 상상할 수 있다.

『세 자매』처럼 부모 모두가 아이들을 방치하는 것과 윤여정의 경우 홀로 되었지만 자식을 위해 끝까지 사랑과 헌신의 줄을 놓지 않은 차이는 크다. 그 댓가로 애정 결핍의 끈을 과감히 잘라냈다고나 할까.

애정 결핍이라는 고난의 끈을 과감하게 벗어버릴 때 그 울타리에서 자유로워진다. 남녀가 가정을 이뤄 자식을 낳고 사회인이 될 때까지 기르고 보살핀다는 것은 하나의 꽃을 피우고 씨를 맺는 과정이기도 하다. 그 과정에서 좋은 부모란 아이에게 정신적인 지주가 되어 소통과 공감, 따스한 반응을 나누며 사랑의 버팀목이 되는 존재이다. 행복한 삶을 살게 하는데 사랑과 배려의 자양분은 매우 크다. 부모의 재산과 학력을 떠나 신뢰와 관심, 따스한 사랑이 우선이다. 우리 모두에게 사랑이 아직도 필요한 이유다.

우리는 남과 관계를 맺으며 산다. 사는 동안 갈등으로 멀어지기도 하고 때론 내가 누군가를 미워하기도 한다. 지나친 애정, 관심을 요구한다거나 작은 행동에도 크게 실망하고 화를 내는 등의 반응을 보인다면 애정 결핍에서 비롯된 것일 수 있다. 그 끈을 과감히 자르지 못할 경우 온 가족을 병들게 하고 그 아픔이 자녀에게도 이어질 수 있다.

영화가 주는 느낌은 각기 다르겠지만 자기가 생각하는 관점으로 내용을 이해하곤 한다. 작가의 의도가 어디에 있든 관객은 제각각 느낀다. 이 영화의 주제를 내 가족의 맥락에서 볼 때 애정 결핍으로 부모가 자녀를 힘들게도 하고 자녀가 부모를 힘들게 할 수도 있으며 또 다른 누군가에게 피해를 주고받으며 사는 게 사회이고 인간살이라고 생각한다. 그런 의미에서 평소 긍정적이고 행복한 삶을 위한 방편이 무엇이며 어떻게 살지에 대한 자성이 필요하지 않을까.

03

—

대나무 마디와
축적의 시간

할머니 댁 뒷켠에 대나무 울타리가 있었다. 한겨울 매서운 바람이 대나무를 스치며 나던 소리가 생생하다. 할머니가 말씀하시길 대나무를 집 주변에 심는 이유는 호랑이 등 사나운 들짐승의 침입을 막기 위해서라고 하셨다. 나중에야 대나무의 대한 지혜가 많다는 걸 깨달았다.

대나무가 자라는 과정은 독특하다. 심은 지 5년이 지나서야 죽순이 땅 위로 솟아오른다. 그 후 6주 동안 단번에 수십 m까지 자란다. 5년의 시간 동안 땅속 깊이 뿌리를 굳건히 내린 덕이다. 대나무는 마디가 있어 매우 단단하다. 대나무의 마디를 일컬어 '포절지무심(抱節之無心)'이라 말한다.

"대나무는 속은 비어 있어도 허식이 없고 단단한 마디에 의해 절도를 지킨다."라는 뜻이다. 우리가 흔히 '대쪽같은 분이다'라고 할 때 그런 뜻을 포함한다. 대나무의 마디는 세찬 비바람에도 쓰러지지 않게 지지대 역할을 한다. 비바람과 뙤약볕에서 견뎌내야 마디가 많고 더욱 단단해진다. 자식 키우기도 그와 비슷하다.

자식을 키우는 부모라면 누구나 아이의 성공을 바란다. 당신의 아이가 말이 느리거나, 행동이 느려서 답답할 수 있다. 하지만 이는 훌륭한 성인으로 성장하기 위해 5년간 대나무처럼 준비하는 기간이라 볼 수 있다. 때로는 아프고 상처받으며 인생 마디마디가 굵어진다. 뿌리가 땅속 깊이 뻗어야 비로소 고른 영양을 섭취하듯 고통의 시간을 감내해야 삶의 깨달음이 온다. 그 바탕에 운동, 바른 심성, 활달한 정신, 지식 등이 얹혀질 때 지혜로운 어른으로 성장할 수 있다.

다시 말해 축적의 시간이 필요하다. 우리가 매일매일 먹는 밥도 맛있게 지으려면 여러 번 실패를 거듭해야 한다. 꼬마 때 엄마가 외출하시면 간혹 스스로 밥을 지어 먹을 때가 있었다. 처음에는 질고 설고 엉망이던 밥 짓기가 여러 번 거듭하니 어느 순간 잘 될 때가 있었다. 밥 짓기도 오랜 기간의 시행착오와 실패를 거듭하면서 노하우를 축적해야 한다.

경영학계의 구루라 불리는 윤석철 교수는 『삶의 정도』라는 책에서 "우리 인생도 사이클로이드 곡선처럼 축적의 시간이 필요하다"고 소개했다." 긴 인생에서 직선으로 성공을 위해 달려가기보다 돌아가는 법을 배워야 한다는 내용이다. 성공은 실수와 실패를 포함할 때 가능해진다.

국립과천과학관이 2008년 개관하자마자 많은 이에게 큰 인기를 끌었다. 그곳에 사이클로이드 곡선이 갖는 비밀 중 하나인 최소시간 강하곡선 모형이 있다. 경사면에 직선과 포물선, 사이클로이드와 원의 경로 중 어느 면을 굴러 내려가는 공이 가장 빠르게 바닥에 떨어질까를 재밌게 실험할 수 있다. 사이클로이드 면을 따라서 움직일 때 제일 빠르다는 걸 직접 눈으로 확인할 수 있다.

하늘에 떠 있는 독수리나 매가 땅 위에 있는 들쥐나 토끼를 잡을 때도 직선으로 내려오는 것이 아니라, 사이클로이드 곡선에 가깝게 목표물을 향해 곡선 비행을 함으로써 가장 빨리 하강한다고 한다. 이유는 사이클로이드 면이 가장 크게 중력가속도를 받을 수 있기 때문이다. 따라서 가장 빠른 속력의 증가가 생긴다. 사이클로이드는 경사면에서 가장 빠른 속도를 내는 특별한 성질을 가지고 있기 때문에 '최단강하선'이라고도 한다.

그런 맥락에서 대나무 성장 방식이나 좋은 육아도 그와 흡사하다. 여러 경험과 실수를 통해 더 크고 거대한 건축물을 쌓을 기반을 닦는일일 것이다. 그럼으로써 성공 가속도가 붙어 더 가속할 수 있지 않을까. 하지만 내 아이가 실수를 겪지 않고 곧바로 성공하길 바라는 부모들이 많다. 어른의 보호망 속에서만 자라면 식물원에서 나약하게 웃자란 대나무와 다를 바 없다. 분명 그것은 바람에 쉽게 넘어지고 휘어질 것이다. 강인하게 자란 대나무는 그 어떤 환경에서도 적응한다.

연구하길 좋아하는 아이로 자라길 바라는가? 어려서부터 실패와 실수를 경험하게 해야 한다. 아이가 걸을 때까지 수 천 번 넘어져야 한다. 인내는 성공의 지름길이다. 에디슨이 전구를 발명할 때 999번 실패하고 1,000번째 성공에 이르렀다. 그렇게 많은 실패를 어떻게 참을 수 있었느냐는 질문에 그는 "나는 실패한 게 아니라 999번 성장을 거듭한 것이다."라고 답했다.

　실수를 통해 지혜를 얻는 기회를 즐기며 견딘 그가 바로 축적의 삶을 산 것이다. 대나무의 마디마디가 모아져 한 사람, 기업, 국가, 세계를 만들어진다는 사실을 알 수 있다. 44년째 일본 스즈키 자동차 CEO를 역임하며 일본 재계에서 '중소기업의 아버지'라 불리는 91세의 스즈키 오사무(鈴木修) 회장도 대나무에 대해 언급했다.

　"대나무는 마디마디 절(節)을 만들어 자연의 시련에 미리 대비합니다. 나뭇가지 위에 수북이 눈이 쌓이는 겨울에도 휘어지거나 부러지지 않고 꼿꼿하게 뻗어 나갈 수 있는 것도 사전에 준비를 철저하게 해 놓는 지혜 때문입니다."

　대나무에는 대나무의 역할이 있고 그에 맞는 성장 과정과 역경이 따른다. 인간도 마디마디 성장통과 성취를 함께 하며 성숙해진다. 그런 엄연한 사실을 기억하면 한 아이의 하루하루가 바로 인생의 마디마디를 만드는 과정이리라.

—

취준생 딸을 둔
어머니의 한탄

2020년 1월 눈이 내리던 날, 서른 살이 다 된 딸을 둔 취업준비생 어머니와의 상담은 우리의 어려운 현실을 짐작게 했다. 이상은 높으나 실천력이 낮은 자녀를 보며 부모는 애가 탔다.

"학교 다닐 때 소위 말하는 엄친딸이라고 소문이 자자했는데 이제 저한테 대들기까지 해요."

그 어머니는 공부 잘하고 착했던 애가 취직을 못 할 줄은 생각지 못했다며 안타까워했다. 사춘기 때도 투정 한 번 부리지 않던 애와 최근 들어 자주 부딪히고 있다고 했다. 당신이 애를 잘못 키운 게 아닌가라며 울먹이기까지 했다. 갈등상태인 모녀 관계가 남의 일만은 아니다.

요즘 취직이 어려워 고학력 실업자가 많다. 한국경제연구원이 전국 4년제 대학 재학생과 졸업생 4,153명을 대상으로 실시한 '2020년 대학생 취업 인식도 조사'에 따르면 대학생들의 올해 졸업생 예상 취업률은 44.5%로 조사됐다. 즉 10명 중 5~6명이 일자리를 구하지 못한다. 20여 년을 공부하며 취업을 위해 스펙 쌓기도 열심히 했건만 사회 문턱을 채 넘기도 전에 패배의 쓴맛부터 보다니 안타깝다.

갈수록 채용 기회가 점점 줄어 사회문제로까지 번지고 있다. 취직이 안 되니 결혼도 늦고 결혼해도 아이를 갖지 않는 경향이 늘고 있다. 통계청의 '2019년 사망원인통계'에 따르면 20대 사망자의 자살률은 51.0%로 OECD 국가 중 가장 높은 실정이다. 적지 않은 수의 젊은이들이 점점 더 우울해지고 부정적인 성격으로 변한다. 그것을 바라보는 부모의 마음 또한 오죽할까. 부모도 아이도 예측 불허의 삶에 당황스럽고 허탈하다.

미취업한 자녀의 모습이 안쓰러운 반면 힘 빠진 모습이 보기 싫어 잔소리하며 악화 일로를 걷게 되어 힘들다고 했다.

"취업 준비한다며 오피스텔 좀 얻어 달라고 사정사정하길래 그랬더니만 공부는 안 하고 어느 놈팡이 놈과 연애질하는 걸 애 아빠가 알고 집안이 발칵 뒤집혔어요."

애를 간신히 집으로 끌고 와 또다시 그렇지 않길 바라며 용서를 받았지만 집을 또 빠져나가 그 짓거리를 반복하고 있다고 말했다. 자식이란 애물단지라고 했던가? 그렇게 되지 않기 위해서는 어릴 때부터 자립심을 길러주는 게 필요하다. 인간을 제외한 많은 동물들이 인간보다 훨씬 어린 나이에 부모의 곁을 떠나 스스로 독립한다. 인간만이 유독 자식을 오래오래 붙들고 산다.

법륜스님은 만 스무 살이 넘으면 과감히 독립시키라고 말한다. 그렇지 않으면 아이에게 하숙비를 받으라고 한다. 성인이 된 이후에는 자립이 그만큼 중요함을 강조한다.

부성애의 상징인 황제펭귄은 남극에서 한겨울에 알을 낳는다. 알을 낳은 엄마펭귄은 새끼에게 먹일 양식을 준비하러 먼바다로 떠나며 아빠펭귄에게 그 알을 맡긴다. 남극은 영하 83도의 극한에다 강풍까지 몰아친다. 알을 넘겨받은 아빠펭귄은 발등의 털로 알을 품는다. 털 밖으로 몇 초만 노출되어도 알은 금방 얼어죽기에 부동자세로 보호해야 한다.

아빠펭귄은 먹이를 찾아 바다로 떠난 엄마펭귄이 돌아올 때까지 무려 4개월여를 아무것도 먹지 않는다. 15kg까지 줄어든 몸으로 굶주림과 긴 기다림을 버틸 수 있는 것은 오로지 자식에 대한 사랑 때문이다. 새끼가 부화할 때까지 엄마펭귄이 돌아오지 않을 경우엔 자신의 위벽이나 식도의 점막을 녹여 비상식량까지 토해내 새끼에게 먹인다. 새끼에게 자신의 살까지 먹이는 '황제펭귄'의 부성애는 감동적이다.

부모의 헌신적 사랑 덕에 생존이 가능하지만 어느 정도 자기 앞가림을 할 때가 되면 장차 살아갈 힘을 가르쳐야 한다. 무조건적 사랑은 오히려 자녀의 삶을 망치기 때문이다. 따라서 세계인이 자녀의 삶의 기반을 닦는 중요한 일 중 하나로 집안일 참여를 꼽는다.

아이를 집안일에 참여시킴으로써 가족의 유대감과 책임 의식, 근면함을 키우자. 그 댓가로 용돈을 줌으로써 경제 관념도 어려서부터 깨우치게 할 수 있다. 멕시코 쪽의 마야 부족들은 아이가 걸을 때부터 집안일의 공동책임자로서 역할을 하게 한다. 북극해 에스키모족인 이누이트 부족의 경우 자녀가 스스로 차분히 생각할 줄 아는 뛰어난 감성 지능의 소유자로 성장시킨다. 아프리카 사바나 지역의 하자베 부족 자녀들도 용감하고 자신감 넘치는 자기 주도적인 어른이 되는 법을 배운다. 그런데 입시에 바쁜 우리 아이들은 자신이 누구이며 무엇을 원하고 왜 사는지도 모르며 앞만 보고 내달린다. 공부를 잘해 칭찬 듣는 걸 최고로 안 결과 아이들은 가장 소중한 일상을 뒤로 한 채 집안일이 뭔지 조차 모르는 경우도 있다. 혹 아이가 집안일에 참여하려 해도 부모가 극구 말리곤 한다.

"너는 공부하는 게 도와주는 거야."

과잉보호 속 공부벌레로만 자라다 보니 커서도 부모의 안테나에서 크게 벗어나지 못한다. 대학에 가서도 수강 신청, 학점관리 등에 부모가 간섭하고 직장에 들어가도 인사팀에 전화해 왜 우리 아이에게 야근시키느냐, 엊저녁에 회식하며 밤늦게까지 술 먹고 못 일어나 지각한다 등등 무턱대고 따지려 든다. 자녀를 결혼시킨 후에도 사위와 며느리를 자기 자식인 양 통제하고 지시한다. 이는 홀로서기 할 기회를 박탈하는 처사다.

부모는 적게 참견하고 선택의 끈을 길게 늘려줘야 하며 아이 스스로 선택한 일에 대해 적극 칭찬해 성취감을 갖도록 해야 한다. 절제된 관심이 절실하다.

진정한 앎이란 어려움에 처할 때 헤쳐나갈 강한 의지와 실천력을 배우는 과정이다. 남의 아픔에 공감하고 앎을 이롭게 실천해야 한다. 물고기를 잡아주기보다 물고기 잡는 법을 가르쳐 주며 격려와 최소한의 개입으로 아이가 스스로 서도록 도와야 한다.

05

궁즉통(窮則通)

서양 속담에 "귀한 자식일수록 여행을 시켜라"라는 말이 있다. 봇짐 하나만 쥐어주고 세상을 알고 오라는 메시지였다. 이러한 경험을 통해 어려움과 역경을 극복하고 살아갈 돌파구를 개척함을 암시한다.

과거 물질이 부족한 시대에는 형제들끼리도 서로 더 많이 먹으려고 다퉜다. 생득적 필요가 행동으로 나타나 집안 어디엔가 먹을 게 없나 두리번거리곤 했다. 먹을 것이 풍요로워진 요즘에는 오히려 어떤 걸 먹을지 선택 장애를 겪는다. 어디 먹거리뿐인가.

배움도 과잉 시대다. 과도하게 주어지는 공부가 싫어 어려서부터 공부에 질리고 발반심이 생긴다. 게다가 선택의 기회를 갖지 못해 주체적 삶을 살지 못한다. 혹은 선택의 기회가 주어져도 어찌할 바 몰라 쩔쩔맨다.

과거 형제는 많고 학비가 없어 상급 학교에 진학하지 못하던 시대에는 더 공부하고 싶어 안달이 난 경우가 많았다. 궁핍이 가져다준 아이러니다. 이런 궁핍의 이치를 풍요로운 이 시대에 우리 아이에게 적용해 보면 어떨까?

예를 들면 어느 날 장난감 등을 치워놓고 아이의 행동을 관찰할 수도 있다. 장난감을 돌려달라고 떼쓰는 경우도 있겠지만 부모가 새로운 놀이에 흥미를 느끼게 해준다면 스스로 아이가 놀잇감을 만들어 놀 것이다. 과자나 사탕, 아이스크림, 초콜릿 등 단 것을 많이 먹이지 않으면 아이는 밥맛을 제대로 알게 된다. 피자, 치킨, 소시지 등을 식탁에서 없애면 나물 반찬 등 거친 음식도 먹을 기회가 생긴다.

아이에게도 적당한 양의 부족분이 있어야 한다. 늘 채워 주기보다 때론 일정 부분 어려움을 겪게 해 스스로 인내하고 해결해 나가도록 유도하는 연습이 필요하다. 그래야 자생력이 생긴다. 자생적 욕구야말로 성취감, 자신감, 도전 의식, 호기심 등을 갖게 한다.

즉, 궁즉통[窮則通]이다. 궁즉통이란 궁하면 곧 통한다는 뜻으로 극단의 상황에 이르면 도리어 해결할 방법이 생긴다는 말이다. 즉 궁즉통[窮則通]이다. 궁즉통이란 궁하면 곧 통한다는 뜻으로 극단의 상황에 이르면 도리어 해결할 방법이 생긴다는 말이다. 궁즉변 변즉통(窮則變, 變則通)의 줄임말로 『주역(周易)』〈계사하전(繫辭下傳)〉에 나온다.

여기서 전하여 궁즉통은 더 나아갈 수가 없을 만큼 최선을 다하여 변화를 얻고 그 변화를 통해 해결책을 마련할 수 있다는 말이다. 궁하면 오히려 통하는 데가 있으며 매우 궁한 처지에 이르면 도리어 펴나갈 방법이 생긴다는 뜻이다. 궁하면 통한다. 어떤 것이 없으면 없는대로 살아갈 수 있음을 이르는 말이다.

네덜란드의 대표적인 화가 고흐의 생애는 매우 가난했다. 생전에 그린 유화 800여 점과 드로잉 700여 점 중에서 그가 살아있을 때 팔린 그림은 단 몇 점뿐이었다고 한다. 궁핍과 결핍의 생활을 이어가는 게 얼마나 힘들었을까. 경제적인 궁핍과 고독에 견딜 수 없던 고흐는 동생 테오에게서 경제적 도움을 받아 근근이 그림을 그린다. 인물 사진을 그리고 싶었으나 모델을 구할 돈이 없어 주변의 시골 풍경 그리기에 몰두했다.

"이 캔버스에 그림들은 내가 말로 표현할 수 없는 것들을 묘사하고 있다고 나는 거의 확신하고 있어. 그것은 말이지, 내가 이 시골 풍경들이 얼마나 건강하고 근심을 없애주는지 알게 되었다는 것이지."

시골 풍경 그리기에 빠질 수 있다는 게 고흐에겐 천만다행이었다. 지독한 가난과 결핍이 고흐를 피폐하게 만들었지만 그림 그리기가 그나마 그를 구원한 셈이다. 그는 예술혼을 그렇게 불러일으켰다. 이가 없으면 잇몸으로 산다는 속담처럼 고흐는 그림에 몰두했다. 만약 그에게 돈이 풍족했다면 그토록 많은 그림을 열정적으로 그릴 수 있었을까.

요즘 들어 '풍요 속의 빈곤'이라는 말처럼 물질은 풍요로운데 정신적 빈곤은 더 심해지고 있다. 만약 사막과 같은 척박한 땅에서 오아시스를 발견했다면 무척 행복할 것이다. 하지만 셀 수 없을 정도로 꽃이 많은 꽃밭에서 한 송이 꽃의 의미는 어떨까.

사람은 풍요로움 속에서도 만족을 느낄 수 없는 '풍요 속의 빈곤'

의 삶을 살고 있다. 꽃 한 송이 때문에 무한 행복을 느끼듯이 생각의 차이는 나를 둘러싼 척박한 환경에서도 행복을 찾을 수 있다. 린 피터스가 말하길 '행복이란 내가 갖지 못한 것을 바라는 것이 아니라 내가 가진 것을 즐기는 것이다'라고 했다. 행복은 밖에 있는 게 아니라 내 안에 있음을 다시 한번 느끼게 한다. 곧 견뎌내는 힘이야말로 궁핍이 길러낸 최고의 훈장이리라.

『맹자(孟子)』의 '고자장(告子章)'은 역경을 견뎌내는 힘은 어디서 오는가로 유명한 말이다. 어떤 사람을 크게 쓰기 위해 먼저 그릇을 단단히 한다. 하늘이 장차 그 사람에게 큰 일을 맡기려면 먼저 그 마음과 뜻을 괴롭게 하고, 근육과 뼈를 깎는 고통을 주고, 몸을 굶주리게 하고, 그 생활은 빈곤에 빠뜨리고, 하는 일마다 어지럽게 한다.

그 이유는 마음을 흔들어 참을성을 기르게 하기 위함이며, 지금까지 할 수 없었던 일을 할 수 있게 하기 위함이다. 그런 의미에서 역경을 피할 게 아닌 마주할 대상으로 자각해야겠다. 곧 궁핍이 강한 필요를 더 느끼게 한다는 의미를 잘 새겨 일상에서도 적용하면 어떨까.

06

—

심은 대로 거둔다

2020년 6월 SBS 일요 특선 다큐 프로그램 유튜브가 어린이에게 미치는 영향에 대해 실험하는 방송을 했다. 여기에 등장한 '가람이'라는 인공지능(AI) 어린이가' 회자되고 있다. 국내 인공지능 선두업체가 개발한 1억 개 정도의 어휘를 학습하게 해서 어린아이 정도의 어휘력을 갖추도록 했다.

인공지능으로 만든 어린이를 A, B 두 파트로 나눠 두 달간 유튜브 방송 시청하게 한 결과가 어떤지 실험했다. A 파트 인공지능 아이에겐 어린이용 프로그램을, B 파트의 인공지능 아이에겐 나이와 상관없이 유튜브를 아무거나 보여주었다. 인공지능의 두 아이에게 마음껏 언어를 배우게 하고 실제 엄마와 대화하며 얼굴에 나타난 표정까지 영상으로 그대로 보여주었다.

어린이용 프로그램을 많이 본 A 어린이는 엄마와 정상적으로 대화했다. 하지만 무분별한 콘텐츠를 시청한 B 어린이의 변화가 크게 눈길을 끌었다. 뾰로통한 표정의 인공지능에게 엄마가 말했다.

"안녕? 가람아 반가워"라고 인사하자

"뭐가 반가워요? 나한테 관심 좀 그만둬!"라며 짜증을 부렸다.

"가람이는 어떤 장난감을 제일 좋아해?'라는 질문에는

"말하면 다 사줄 거야?"라고 쏘아붙였고

"엄마 사랑해?"라고 묻자

"저한테 사랑을 강조하지 마세요. 짜증 나!"라며 신경질적인 모습을 보였다.

정리하면 어린이용 유튜브 프로그램을 본 A 아이는 엄마의 질문에 아주 친근하게 대답했다. 인공지능이 아무리 발달해도 인간의 실제 지능이 학습하는 체계와 그 방식이 똑같다고 할 수는 없다. 인간의 마음이나 머릿속에 어떤 생각을 하느냐에 따라 행동이나 태도가 달라진다는 사실은 부인할 수 없다.

사람은 이 세상에 태어나서 일생 동안 살면서 성공과 실패, 행복과 불행 등을 겪는다. 이 모든 문제를 결정하는 중요한 요소가 바로 '생각'이다. 결국 지금의 내 모습도 내가 생각하며 지내온 자화상이며, 앞으로의 내 모습도 지금 나의 생각에 따라 미래와 운명이 결정될 것이다. 우리는 부정적인 생각을 긍정적으로 바꿔야만 한다. 이를 '치환(置換) 법칙'이라고 부른다. 즉 생각의 위치를 살짝 바꾸는 지혜가 필요하다.

우리 마음은 자동차 변속기와 비슷하다. 자동차 변속기에는 전진 기어와 후진 기어가 있다. 차를 운전할 때 기어를 어떻게 변환할 지는 스스로 판단할 수 있다. 마찬가지로 우리가 긍정적인 생각을 가지면 어떤 어려움이 닥치더라도 무사히 목적지에 이르는 것을 막지 못한다. 부정적인 생각으로 문제점과 불가능만 바라본다면 후진 기어를 넣고 거꾸로 가버리는 꼴이 된다.

옛날 한 임금님이 있었는데 왼쪽 눈이 애꾸였다. 그는 생전에 자기의 초상화를 남기고 싶어 전국의 화가들을 모두 불러 모아 초상화를 그리도록 했다. 전국에서 내로라 하는 화가들 중 세 명을 최종 선발하여 초상화를 그리도록 했다. 그들은 고민이 아닐 수 없었다.

고민 끝에 어떤 한 사람은 애꾸눈을 정상적인 눈으로 그렸고, 또 한 사람은 정직하게 왼쪽 애꾸눈 부분을 멋있게 처리해 그렸다. 마지막 한 사람은 왼쪽 애꾸눈 쪽으로 몸을 살짝 비켜선 모습을 그렸다. 왼쪽 애꾸눈을 감쪽같이 처리해 정상적인 사람의 얼굴 모습으로 둔갑시켜 그려냈다. 결국 임금은 세 번째 화가에게 그의 기막힌 지혜와 아이디어를 크게 치하하며 큰 상을 내렸다고 한다.

긍정의 마음은 이처럼 똑같은 처지에서도 상상을 초월하는 지혜나 아이디어를 제공할 수 있는 힘을 갖는다. 먼저 긍정의 씨앗을 뿌려야 한다. 그것이 마음에 뿌려지면 표정도 바뀐다. 마음에서 오는 긍정 바이러스에 의해 말과 행동이 바뀌기 때문이다.

사람은 누구나 하루에도 수많은 생각을 한다. 그 생각 중에서 75% 이상이 부정적인 생각이라 한다. 부정적인 생각을 그대로 방치하면 근심과 걱정이 파도처럼 밀려와 삶을 힘들게 한다. 부정적인 생각을 어떻게 멈출 수 있을까? 인본주의 심리학자 사무엘 스마일즈는 이렇게 말한다.

"생각은 행동을 낳고, 행동은 습관을 만들고, 습관이 쌓이면 성품이 되고, 성품은 그 사람의 운명을 결정한다."

요즘 치유 농업이 화두가 되고 있다. 집 앞 자투리 땅에 자그마한 텃밭을 만들어 상추, 오이, 토마토, 고추를 정성껏 키우며 자연과 함께 채소 키우는 재미에 빠져든다. 그동안 쌓여 있던 스트레스가 자연스럽게 풀리고 마음이 힐링되면서 우울감도 사라지고 몸과 마음이 치유된다. 작은 텃밭을 가꿈으로써 소소한 일상이 얼마나 감사한지 알게 된다. 일에 대한 성공만을 좇아가던 삶을 잠시 떠날 기회이기도 하다.

'심은 대로 거둔다'는 말이 텃밭에도 적용된다. 텃밭에 채소를 심으면 채소를 거두고, 곡식을 심으면 반드시 곡식을 수확한다. 씨앗을 심지 않은 맨땅에는 끊임없이 잡초가 자라나는 것처럼 마음의 텃밭에 씨앗을 심고 가꾸지 않는다면 그곳에 쓸모 없는 잡초가 자라난다.

8장

디지털 소양

digital literacy

"인간은 환경의 산물이 아니다 인간이 환경을 만든다"

-벤저민 디즈 레일리

01
—
디지털 리터러시

미래사회는 갈수록 디지털 리터러시가 필수 역량이 될 것이다. 글을 읽고 쓸 줄 아는 능력을 리터러시(literacy· 문해·文解)라고 하듯, 디지털 기술을 이해하고 활용하는 능력을 '디지털 리터러시(digital literacy)'라고 말한다.

디지털 리터러시는 단지 디지털 기술을 이해하고 활용하는 차원을 넘어 더 나은 공동체를 위해 노력하는 시민 의식까지 포괄하는 개념으로 이해할 필요가 있다. 디지털 기술의 활용도 제고를 위해 가장 필요한 것은 교육이 아닐까 싶다. 청소년에서 노년층에 이르기까지 계층별로 수준을 고려하여 다양한 교육 프로그램을 운영해야 한다.

국민 대다수가 급속하게 발전하는 디지털 기술을 익힘으로써 소득 증가는 물론 삶의 질을 높이는 수단으로 활용할 수 있다. 디지털 교육이 중요한 이유다. 필자는 2021년 5월『스마트 시니어 폰맹 탈출하기』책을 발간해 디지털 문해력을 높이기 위해 코칭과 글쓰기 운동을 전개하고 있다. 이는 곧 1인 1책 갖기 운동의 기반을 닦는 일이기도 하다.

세상을 바꾼 잭 안드라카라는 미국의 십대 소년의 사례가 우리를 감동시킨다. 13세 때 가족처럼 지내던 아저씨가 췌장암으로 세상을 떠나자, 잭 안드라카는 췌장암에 대해 관심을 가진다. 인터넷으로 조사하던 중 췌장암은 85% 이상이 말기에 발견되고, 생존확률은 2%밖에 되지 않음을 알게 된다. 췌장암 진단 키트가 80만 원 정도로 비싸고 성공 확률도 30%이며 14시간이나 진단 시간이 걸린다는 걸 알았다.

잭 안드라카는 이런 부분을 획기적으로 개선할 진단 키드를 만들기로 결심한다. 인터넷을 통해 꾸준히 질문을 던지며 답을 구해나갔으며, 4,000번의 실패에도 좌절하지 않았던 그는 16세 나이에 혁신적인 췌장암 진단 키트를 발명하게 된다. 그가 이룬 업적은 이렇다.

잭 안드라카가 개발한 검진법 '옴 미터(Ohm Meter)'는 기존의 진단법보다 168배 빠르고 2만 6,000배나 저렴하며 거의 100%에 달하는 정확도를 보인다. 세상은 이 개발을 위해 필요했던 것이 '중학생 수준의 과학 지식'과 '인터넷을 통해 찾은 정보' 그리고 '끈질긴 노력'뿐이라는 사실에 더욱 놀랐다. 그는 다음과 같이 말한다.

"이 나이에 이걸 어떻게 했냐구요? 그간 제가 배운 최고의 교훈은 바로 인터넷에 모든 것이 있다는 것이었죠. 개발에 필요한 논문들은 인터넷에서 쉽게 구할 수 있었어요. 또 대부분의 아이디어 역시 인터넷에서 습득했어요. 인터넷을 심심풀이로 이용하지만 말고 세상을 바꿀 수 있는 도구라고 생각해 보세요. 인터넷에 정보는 얼마든지 있어요. 뭔가를 만들어내겠다는 생각만 있으면 할 수 있는 일이 얼마든지 있다고 생각합니다."

위의 말처럼 잭 안드라카의 발명 과정의 대부분은 인터넷으로 이루어졌다. 인터넷에서 논문을 찾고 이메일로 전문가에 도움을 요청했다. 온라인 커뮤니티에 들어가 새로운 정보를 찾아내는 등 디지털 기술을 활용하는 역량을 바탕으로 성과를 이루어냈다. 잭 안드라카가 췌장암 키트를 발견하는데 활용한 역량을 '디지털 리터러시'라 부른다.

디지털 리터러시는 디지털 기술을 언제 어떻게 사용할지 아는 능력이다. 디지털 시대에 필수적으로 요구되는 정보 이해 및 표현 능력을 일컫는다. 디지털 기기를 활용하여 원하는 작업을 실행하고 필요한 정보를 얻을 수 있는 지식과 능력을 말한다.

인터넷에 널려있는 게 정보다. 정보의 바다에서 어떻게 자기 것으로 만들어 조합할 수 있느냐에 달려 있다. 디지털 차세대 역량을 키우기 위해 세계 각국은 심혈을 기울인다. 우리나라 부산에서도 전국 최초로 중학생을 대상으로 하는 '디지털 리터러시' 과목이 2021년 말 생겼다.

구체적으로 디지털 안전·권리·책임·에티켓, 검색 엔진, 검색 방법, 정보의 신뢰성 판별, 데이터 수집·분석, 의사소통, 미디어와 기술, 협업, 디지털 창작물, 저작권, 인용, 공유, 디자인적 사고, 컴퓨팅 사고력, 프로토타이핑 등이다.

미래의 우리 아이들에게 꼭 필요한 역량을 어떻게 강화할 지에 따라 삶의 질이 달라진다. 세상의 지식은 컴퓨터에 다 있고 문제를 스스로 만들어 해결할 방법을 모색하는 태도는 디지털 리터러시의 중요 근간이 될 것이다.

코로나로 인해 교육에도 디지털화가 앞당겨지고 있다. 앱으로 독서토론회도 하고, 미술 작품도 감상하며, 역사박물관 시청 등등 그 활용도가 나날이 진화 발전하고 있다. 이에 걸맞는 디지털 리터러시는 시대의 요청이며 미래 인재의 나아갈 방향이다. 기존의 지식과 의지를 과신하기보다 하루가 다르게 변화하는 디지털 환경과 기술을 이해하고 활용하려는 노력이 우리의 과제다.

02

—

놀이와 창의의 인간
호모 파덴스

"호모~"라고 이름 붙은 인간의 학명은 매우 많다. 호모 사피엔스, 호모 에렉투스, 호모 파베르, 호모 루덴스 등등이다. '호모 파덴스'는 고 이민화 교수님이 창안했으며 생산적인 인간을 추구하는 '호모 파베르'와 유희를 추구하는 '호모 루덴스'의 합성어다. 재미와 생산성을 동시에 추구하는 '호모 파덴스'가 미래의 인재상이다. 바로 그들이 행복한 삶을 영위하는 미래의 주인공들이다.

인간의 창의와 감성은 인공지능도 넘볼 수 없는 고유 영역이다. 로봇을 이기려면 어떻게 해야 할까. 만들고 즐길 줄 알아야 한다. 결국 재미있는 일을 즐기며 살 때 효율성도 높아지고 사는 의미도 있을 것이다. 우리가 사는 이유가 뭘까? 무엇을 해서 먹고살까의 문제다. 태초부터 그것의 진화 발전이라 해도 과언이 아니다.

그러기 위해 우리는 일을 한다. 일을 크게 3가지로 구분하면 의미있는 창조적인 일과 재미있는 감성적 놀이와 반복되는 노동으로 나뉜다. 이 중 반복되고 재미없는 노동은 로봇에게 넘겨주고 사람은 의미와 재미있는 창조성과 인성에 집중하면 된다.

세계가 빠르게 디지털시대로 재편되고 있다. 이른바 디지털 트랜스포메이션(DT, Digital Transformation)는 코로나로 인한 비대면으로 산업 패러다임이 이동하면서 더욱더 빨라지고 있다. 흐름에 발빠르게 움직이면 세계 경제의 선두주자가 될 수 있다. 그렇지 못하면 IT 강국의 지위마저 위태로울 수도 있다.

DT는 4차 산업혁명을 주도한 디지털 기술로 인공지능(AI), 클라우드, 사물인터넷(IoT), 빅데이터, 모바일 기술, 지능형 로봇, 3D 프린팅 등이 속한다. DT 시대는 성공 방정식도 달라지고 있다. 기존의 성공 방정식은 경쟁을 통해서 가능했다. 입시나 취업, 승진 등도 경쟁을 통한 승자독식의 형태였다.

이제 경쟁보다는 협업을 요구한다. 코로나 종식을 위해 모든 나라가 함께 방역에 힘써야 하는 것처럼 말이다. 교통이나 통신 등의 발달로 세계가 글로벌화되어 하나로 연결되기 때문이다. 내 아이만 좋은 대학 나와 좋은 데 취직하고 좋은 배필 만난다고 좋은 세상이 될까. 아니다. 친구들도 함께 심신이 건강하고 행복할 때 모두가 더불어 행복해진다.

'협력하는 괴짜'야말로 초연결 시대에 꼭 필요한 인재상이다. 모든 면에서 우수해야 리더가 되던 시대에서 벗어나 각자가 좋아하는 분야를 서로 섞어내 커다란 시너지를 만들 수 있는 게 바로 협력하는 괴짜 상이다. 그간 인간과의 경쟁으로 생존해온 우리다. 이제 인간과의 협업을 통한 공존뿐만 아니라 로봇이나 인공지능과의 협업을 통한 공존도 모색해야 한다. 로봇과 인공지능이 협업해 단순반복적인 일상업무 수행함으로써 유휴 노동력이 발생한다.

그 예로 고속도로 통행시 과거에는 사람이 일일이 통행료를 징수했다. 지금은 인공지능과 로봇이 그일을 대체함으로써 징수원의 일자리가 사라졌다. 무인 자동 결제 장치인 키오스크 등의 발달로 종사자들의 인력 또한 대폭 줄었다. 이 변화의 시기를 '대량해고의 위기'가 아닌 '일자리 창출의 기회'로 만들려면 어떻게 해야 할까. 인재 전환이 절실하다. 이 과정에서 우리는 기존의 업무를 재설계함으로써 부가가치 창출이 가능하고, 새로운 업무를 도입함으로써 일자리 창출도 가능하다. 재설계된 업무에 필요한 역량을 갖출 수 있도록 인재 전환 기회가 제공돼야 한다.

인공지능 시대에 머신 러닝과 딥러닝은 쉬지도 않는다. 인공지능과 기술, 로봇의 발달로 일하는 시간은 대폭 줄고 놀 시간이 많아질 것이다. 그 시간을 놀이와 창의로 연결해 생산성을 높이는 기회를 마련해야 한다. 워케이션(work cation)의 등장 또한 눈여겨봐야 한다. 워케이션(Work cation)이란 일(Work)와 휴가(Vacation)의 합성어다.

코로나로 인해 재택근무, 원격근무가 늘어나면서 생긴 새로운 근무 형태다. 집이 아닌 다른 곳에서 업무와 휴가를 동시에 누리는 워케이션족이 늘어나고 있다. 현재 일본을 포함한 해외에서는 워케이션 제도를 적용하고 있으며 워케이션은 이제 새로운 근무 형태로 자리 잡고 있다. 즉 소비하던 여행에서 일과 병행하는 생산하는 여행은 MZ 세대에게도 각광을 받고 있다. 제주, 울릉도 등에서 한 달 살기 등이 대표적 예다.

자가 생산과 소비인 메이커 시대의 도래, 소유에서 공유 경제로의 귀환, 늘어나는 놀이 시간의 향연, 공동체적인 협력과 융화 등이는 곧 우리 조상들이 지구상에 처음 살았던 일상의 모습이 아니던가?

인간은 이제 그것의 속도나 양을 능가할 수 없다. 기계가 하지 못하는 감성과 창의를 발휘해 기계와 친구처럼 살아가야만 한다. 대개 반복적이고 단순한 일을 사람들은 싫어한다. 그 일을 로봇에게 맡기고 사람은 보다 차원 높은 일을 도맡아야 한다. 앞으로 일하는 시간은 줄고 놀 시간이 는다. 잘 논 아이가 성공한다. 졸업장보다 능력을 갖춘 자를 더 옹호해주는 시대가 도래했다.

인간 본연의 원시적인 행태로 회귀하는 것 같다. 예쁜 브로치를 만든다면 그 디자인은 인터넷에서 공유할 수 있고 3D 프린터로 직접 만들어 필요한 사람에게 나누며 소득도 창출할 수 있다. 즉 생산과 소비를 겸할 수 있는 행태가 도래하고 있다. 이 모든 것은 디지털 기술의 발달로 가능해진 일이다.

미래에 살 우리 아이들 어떻게 키워야 할까. 어릴 때부터 재밌고 좋아하는 일을 하게 하자. 마음이 평안하고 놀이에 몰입할 때 감성 지수도 올라간다. 잘 노는 아이가 몰입도도 높고 공부도 열심히 한다. 잘 노는 아이는 행복하고 공부할 마음도 생기기 마련이다. 부모는 대부분 놀이에 대해 부정적이다. 놀이 개념을 재정립할 필요가 있다. 인공지능 시대 진짜 필요한 교육 방법은 놀이에서 비롯된다.

모든 행동의 기본은 '놀이'에서부터 나온다. 놀이는 인간의 가장 원초적 행동이기 때문이다. 놀이를 하면 몰입, 스트레스 해소, 사회성 발달, 문제 해결, 의견 교환, 타협과 양보 등 많은 이점이 있다. 그런 면에서 이제 우리 아이들을 더 원시적으로 키울 필요가 있다. 보다 자연 친화적이고 보다 많은 경험을 체득케 하며 놀이를 통해 자유롭게 사고하는 '호모 파덴스'형 인간이 절실하다.

03

—

아이들은 왜
메타버스에 열광하나

얼마 전 인간개발연구원 조찬 세미나에서 정종기 교수의 메타바스 강연을 재미나게 들었다. 메타버스는 '가상', '초월' 등을 뜻하는 영어 단어 '메타'(Meta)'와 우주를 의미하는 '유니버스(Universe)'의 합성어다. 우리가 살고 있는 현실 세계와 똑같은 사회·경제·문화 활동이 이뤄지는 3차원의 가상세계다.

메타버스는 가상현실(VR: Virtual Reality)보다 한 단계 더 업그레이드된 개념이다. 자신이 직접 운용하는 아바타를 활용해 단순히 게임과 같은 단순한 가상현실을 즐기는 데 그치지 않는다. 실제 현실에서 일어나는 사회·문화적 활동을 할 수 있다. 메타버스 플랫폼 중에는 가장 많이 사용하는 제페토(Zepeto), 이프랜드(Ifland), 게더타운(Gather.town), 로블록스(Roblox) 등이 있다. 요즘 이걸 모르면 아이들 간에도 대화가 힘들 정도라고 한다.

게더타운은 메타버스 화상회의라고 볼 수 있다. 단순 비대면에서 나아가 강의실, 실습 공간을 온라인에서 가상으로 구현하고 자신의 아바타로 가상 공간을 종횡무진하며 대화를 주고받을 수 있는 것이다.

로블록스는 자신의 아바타를 이용해 게임을 직접 만들 수도 있다. 다른 이용자가 만든 게임을 즐길 수도 있다. 월간 활성이용자 1억 5,000만 명, 하루 평균 접속자만 4,200만 명에 달하며 이용자의 3분의 1은 MZ 세대이다. 국내에서는 네이버가 출시한 증강현실(AR) 아바타 플랫폼 제페토(Zepeto)가 대표적인 메타버스 플랫폼으로 자리를 잡았다. 지난 6월 SKT도 메타버스 플랫폼 '이프랜드'를 출시하며 메타버스 시장 공략에 나섰다.

가상의 케릭터, 가상의 세계, 커뮤니케이션 등 메타버스의 근간이 되는 요소는 온라인 게임의 구성 요소와 유사하다. 게임형 메타버스가 Z 세대를 중심으로 급격하게 확산되고 있으며, 이를 통해 구축된 기술과 정보는 메타버스의 진화를 촉진하고 있다. 인기 있는 메타버스 플랫폼의 공통적인 성공 요인은 오픈월드, 샌드박스, 크리에이터 이코노미, 아바타 총 4가지로 요약할 수 있다.

메타바스가 어디에 활용되는지 알아보자. 오픈 월드(Open word)는 메타버스 플랫폼에서 이용자는 가상 세계를 자유롭게 탐험하며 구성 요소들을 자 유롭게 바꿀 수 있다. 개발자에 의해 프로그래밍된 대로 움직여야만 했던 폐쇄적인 기존의 게임 시스템과는 크게 차별화된다.

샌드박스(Sandbox)는 이용자가 원하는 대로 활동할 수 있는 만큼 다양한 플레이 패턴을 만들어낼 수 있다. 로블록스 스튜디오를 통해 지형, 지물, 사물을 만들어 내고 게임 안에서 게임 창작이 가능한 것도 같은 원리다. 제페토 역시 제페토 스튜디오 빌드잇을 통해 게임을 만들 수 있으며 친구를 초대해 같이 즐길 수도 있다. 내가 제작한 옷을 자신의 아바타에게 직접 입히는 것은 물론 유료 콘텐츠로 판매도 가능하다. 콘텐츠 안에서 콘텐츠를 생산, 공유, 소비하는 크리에이터 이코노미가 이뤄지는 공간이다.

아바타(Avatar)는 나의 명령을 수행하는 입력장치이자 소통의 매개체이다. 아바타를 통해 나의 개성과 감성을 드러낸다. 제페토에서는 미리 입력된 1,000개의 표정으로 감정 표현이 가능하다. 메타버스는 사람들이 아바타를 통해 사회, 경제, 문화적 모든 활동을 할수 있는 가상세계이다. 우리나라에서도 이 서비스가 주목 받고 있는 이유는 케이팝과 한류도 이 메타버스 세계에서 돈이 되는 사업을 하고 있기 때문이다.

나와 또 다른 분신인 아바타를 통한 공연 SM엔터테인먼트 '멀티 페르소나'/ SM엔터테인먼트는 최근 걸그룹 에스파의 신곡 '넥스트 레벨'을 공개하며 실제 멤버 4명과 이들의 아바타 4명이 함께 공연하는 영상을 선보였다. 실제 멤버 카리나와 가상현실 속 아이 카리나가 하나의 무대를 꾸민 셈이다. 멀티 페르소나를 보여주는 사례이다.

2003년에 출시된 비디오 게임 '세컨드 라이프(Second Life)'라는 서비스가 메타버스 개념과 가장 유사하다. 세컨드 라이프라는 서비스가 『Snow Crash』라는 소설을 모티브로 출발했기 때문이다. 당시에는 기술력이 부족해서 기대하는 만큼 실감 나는 서비스를 제공하지는 못했다.

2018년 스티븐 스필버그 감독의 『레디 플레이어 원(Ready Player ONE)』이라는 영화가 메타버스의 발전이다. 현실 세계가 아닌 가상 세계가 주 무대 배경인데, AR/VR기기를 통해 가상공간으로 진입하고 그 공간에서 벌어지는 일을 그린 영화이다. 가상공간에서 운동이나 몸싸움 등 격렬한 몸동작을 하게 되면 실제 내 몸도 아픔을 느끼는 그런 컨셉이다.

가상융합(XR)과 메타버스의 결합 서비스 상용화/ 증강현실(AR), 가상현실(VR), 혼합현실(MR)이 융합한 가상융합(XR: extended Reality) 기술은 다양한 산업군으로 확산될 것이다. 글로벌 IT 기업을 중심으로 가상융합(XR)과 메타버스의 결합 시도가 활발하게 전개 중이다. 유저 사용성이 높은 SNS와 게임, 비대면 트렌드를 겨냥한 협업 솔루션 등에서 결합 서비스가 속속들이 등장하고 있다.

메타버스 시대의 마케팅은 주목할 만하다. 소비자들의 활동 영역이 가상세계로 확장되면서 기업들의 브랜딩. 마케팅 영역도 함께 확장되고 있다. 제품과 브랜드를 노출하고 정보를 제공하는 수준에서 한 단계 올라가 제품에 대한 경험과 구매까지 연계되는 채널이 등장했다.

그렇다면 메타버스 시장이 급부상하는 이유는 무엇일까?

첫째, 4차 산업혁명 본격화로 메타버스의 핵심 인프라가 구축되었다. 신산업의 발전은 DNA(Data, Network, AI)를 촉진시켰으며 이것이 메타버스의 핵심 인프라로 작동했다. 둘째, 코로나로 인해 비대면 사회가 일상화되었다. MZ 세대를 중심으로 가상세계가 새로운 사회적 장으로 자리매김했다. 네이버가 출시한 메타버스 플랫폼 제페토의 전 세계 가입자 수는 2억 명이다. 이 중 80%가 MZ 세대다. 셋째, 메타버스 기술의 상용화를 들 수 있다. AR/VR 기술은 AI 등 타 신기술 대비 높은 상용화 수준에 진입해 있다.

최근 기업 및 수요층의 반응을 볼 때 메타버스는 단기간에 사라지는 트렌드가 아닌 인류 사회를 바꿀 거대한 물결이라 생각한다.

2021년 10월 페이스북이 회사명을 '메타(Meta)'로 바꿨다. 마크 저커버그 페이스북 CEO는 "5년 후에 페이스북이 메타버스 기업으로 인식되길 원한다"며 메타버스 사업을 강화하며 바꿨다. 회사명까지 바꾼 페이스북은 3D로 사람을 볼 수 있는 기술을 구현하겠다는 목표를 발표했고 360도 카메라를 통해 홀로그램으로 이미지를 구현하는 기술도 이미 나와 있다. 메타버스가 현실에 있는 것을 디지털화시키는 작업이라면 현실에서 일어나는 것뿐만 아닌 현실에서 할 수 없는 것까지도 할 수 있을 것이다. 이를 '메타버스 트랜스포메이션(Metaverse trans formation)'이라고 부른다.

교육부가 언급한 가상공간 플랫폼인 메타버스(Metaverse)가 다양한 곳에 쓰이면서 비대면 시대의 미래교육과의 연결할 수 있는 기회다. 특히 비대면으로 진행되는 교육이 많아지면서 관련 플랫폼을 활용한 교육이 강조되고 있다. 요즘 의대 교육에까지 파고든 메타버스가 그 실효성이 기대된다. 이제 메타버스의 활용도는 모든 분야로 확산될 것이며 무한하다.

메타버스와 미래교육의 기대 효과는 매우 크다. 시간과 공간의 한계를 넘어선 가상 세계에서의 교육 활동은 어려운 상황에 대처하기 위해 더욱 활발하게 이루어질 것이다. 아직은 메타버스의 활용이 많지는 않지만 미래에는 가치 있는 교육 활동이 이루어지리라 본다.

흥미와 재미를 통한 몰입도다. 획일화된 수업이 진행되는 게 아니라 각자가 원하는 아바타를 정할 수 있어서 일단 흥미롭다. 마치 게임을 하는 것처럼 자신의 아바타를 조정하면서 활동에 참여하기에 능동적인 자세로 교육 활동에 임할 수 있다. 이에 따라 활동에 대한 몰입도는 높아질 수밖에 없다.

자유도가 높아서다. 가상세계라는 공간에서는 무엇이든지 할 수 있을 것 같은 자신감이 생긴다. 교육 현장에서는 한정된 공간에서 교육이 진행되므로 한계에 부딪히는 경우가 있다. 예를 들어 단순히 문자와 영상으로 교육하는 게 아니라 가상세계라 할지라도 실제처럼 구현된 장소에 찾아가서 보고, 듣고, 배우는 시간을 보낼 수 있기 때문이다.

무한한 가능성과 창조성 때문이다. 메타버스와 관련한 분야 확장은 지금 급속도로 이뤄지고 있다. 현실 세계와 가상세계가 똑같이 연결되다 보니 미래에는 가상세계에서의 또 다른 자아 형성 그리고 가치를 만들어 갈 수 있다. 또한 현실에서는 구현할 수 없는 새로운 세상을 만들 수도 있다. 무한함이라는 가치는 끝이 없기에 미래 교육에 줄 영향도 방대할 것이다.

과거에는 단편적인 교과서로 공부해 지루하고 한계를 느꼈으나 메타버스의 등장으로 더 즐겁고도 흥미로운 의미있는 세상을 만나게 되었다. 아이들이 메타버스에 열광하는 이유 중 하나다. 이를 기화로 열광을 넘어 더 창조적이며 재밌고 혁신적인 세상이 되리라 본다.

04

에듀테크로
일대일 맞춤 교육

어느 나라든 성장 발달의 기본은 교육에 있다. 기존 대학교육에도 혁신의 바람이 일고 있다. 대학 4년이란 긴 학습 기간과 비싼 등록금으로 효율성까지 떨어지니 대학이 비상이 걸렸다. 개선할 필요성이 절실하다. 지금은 여러 대학에서 출결 체크도 인터넷으로 한다. 자동화로 대리 출석도 불가능해졌다.

시대 교육의 아이콘으로 등장한 '에듀테크'가 인기다. 에듀테크는 교육에 미디어, 디자인, 소프트웨어(SW), 가상현실(VR), 증강현실(AR), 3D 등 정보통신기술(ICT)을 접목해 학습자의 교육 효과를 높이는 산업으로 에드테크(Ed-Tech)라고도 한다.

단순히 교육을 온라인으로 제공하는 이러닝(e-learning) 단계를 뛰어 넘는다. 개개인의 수준에 따른 맞춤 교육까지 가능해 새로운 학습 경험을 제공한다는 점에서 기존 교육 현장을 변화시키는 데 중요한 역할을 하고 있다. 특히 에듀테크는 1990년대 후반 이후 출생해 TV보다는 스마트폰 등 모바일 기기에 익숙한 모모세대(More

Mobile Generation)를 대상으로 한다. 사교육으로 허리가 휘는 부모들에게 저비용의 일대일 맞춤 교육의 희소식이 아닐 수 없다. 게다가 알 때까지 무한 반복할 수 있다는 장점이 있다.

유럽, 영국, 미국, 네덜란드, 에스토니아 등은 발 빠른 행보로 코딩교육, 메이커 교육, 기업가 정신과 에듀테크를 큰 줄기로 일대일 맞춤형 교육, 저비용, 고효율의 서비스를 구축해 나가고 있다.

『에듀테크』의 저자 홍정민은 에듀테크가 나아갈 3가지 방향을 말한 적이 있다. '교육의 대중화, 교육 효과의 극대화, 교육과 실생활의 결합'이다. 이 세 가지가 이뤄진다면 교육 낙원이 될 것이다. 부모도 아이도 행복한 여유 시간을 만끽하며 좀 더 소망스런 인생을 향유할 수 있으리라 믿는다.

또한, 무크(MOOC)'와 플립러닝(Flipped Learning) 등을 통해 거꾸로 학습을 들 수 있다. '무크(MOOC)'란, '대규모(Massive) 공개(Open) 온라인(Online) 수업(Course)'으로 실제 대학에서 이루어지는 강의, 토론, 평가와 수료까지를 인터넷을 통해 무료인 새로운 교육 방식이다. 이는 2011년 스탠퍼드 대학에서 시작되었다.

스탠퍼드, 하버드, MIT 등 명문 대학들은 다양한 분야에서 소속 대학의 교수들의 질 좋은 강의를 동영상으로 만들어 누구나 들을 수 있게 했다. 3대 무크 사이트인 코세라(Coursera), 에덱스(edX), 유대시티(Udacity)를 중심으로 인터넷 스타트업의 속도로 발전하고 있다.

이 교육 혁신은 배움에 대한 새로운 가치관과 대중의 상상력을 충족시킨다. 무크는 새로운 시대의 교육모델을 제시하고 있다. 지난 500년간 교육은 정해진 인원의 학생이 일정 시간에, 강의실에 모여 앉아 함께 교수의 강의를 듣는 형태로 진행되었다. 변하지 않았던 교육 방식이 온라인 기술과의 접목을 통해 근본적인 변화를 맞고 있다.

플립 러닝은 '거꾸로 학습', '거꾸로 교실', '역전 학습', '반전 학습', '역진행 수업 방식' 등으로 번역된다. 강의실에서 강의를 받고, 집에서 과제를 하는 전통적인 수업 방식과 달리 수업에 앞서 교수가 제공한 자료(온·오프라인 영상, 논문 자료 등)를 사전에 학습하고, 강의실에서는 토론, 과제 풀이 등을 하는 형태의 수업 방식을 의미한다.

거꾸로 학습은 세계 명문대뿐만 아니라 국내 명문대에도 빠르게 확산되고 있다. 교사는 티칭이 아닌 코칭으로 적게 가르치고 많이 알게 안내한다. 요즘 초중고에서도 거꾸로 학습이 이뤄지지만 더 적극적인 곳은 바로 대학이다.

코로나가 있기 전까지만 해도 이런 학습법은 꿈에 불과했지만 이제 현실화가 되고 있다. 그런 의미에서 코로나를 대비한 일들은 이미 이뤄지고 있었다고 봐도 무방하다. 교과 내용은 미리 집에서 무크나 에듀테크를 통해 공부하고 학교에 가서는 친구와 함께 토론과 질문, 가르침을 몸소 행한다. 즉 성취 효율을 높이며 '자기 구조화 학습'을 할 수 있다. '자기 구조화 학습'은 테크놀로지를 활용하고 친구와 함께 협력 학습하는 게 특징이다.

성취 효율 면에서는 기존의 듣기 수업에 비해 토론과 질문 수업이 18배 차이가 난다. 그게 바로 한국식 하브루타 교육이 될 것이다. 이처럼 에듀테크가 가져올 변화는 엄청나다. 우리나라에 꼭 필요한 교육 대안으로 자리 잡기를 기대한다.

홍정민 작가가 말하는 에듀테크가 가져올 교육 혁명은 다음과 같다. 교사, 인공지능 로봇으로 대체된다. 현실보다 실감나는 가상 교실의 등장이다. 학생이 교사가 되고, 교사가 학생이 되는 세상이 도래할 것이다. 전통적 학교의 종말이 올 것이다. 국영수 및 암기과목 중심에서 벗어난 교육과정의 변화가 예상된다. 재미있는 교육, 게임과 교육의 결합이다. 이처럼 에듀테크가 미래 교육의 희망봉으로 떠오른다고 할 수 있다. 위의 것들이 실현되면 교육 혁명은 분명 일어나리라.

경제 성장판이 둔해진 우리나라가 교육 혁신을 이루느냐 아니냐에 따라 국운이 갈린다. 우리나라는 다른 것보다 인적 자원이 풍부한 나라다. 교육 혁명을 통해 각 분야가 함께 혹은 따로 변화의 물결에 동참할 때다. 그에 맞게 에듀테크를 빠른 시일 내에 정착해야 한다. 이는 4차 산업혁명인 인터넷 혁명이 가져다 주는 기회이자 커다란 변화다.

05

멍때리기로
생각지도 짜기

재작년 추석, 연휴를 끼고 5박 6일 간 거제도에서 늦은 휴가를 보냈다. 서울에서 내려가는 도중 고속도로 입간판에 "당신의 삶에서 중요한 것은 무엇인가? 쉼표!"라고 적힌 게 눈길을 끌었다. 마침 나도 그 '쉼표!'를 향해 가던 중이라 더 반가웠다. 그해 휴가의 목표는 오로지 '심심하기'였다. SNS 다이어트와 책 다이어트 등을 하며 자연을 즐기고 나를 얽매던 것으로부터 해방되고 싶었다. 소위 말해 '멍때리기로 생각지도'를 그리기로 한 것이다.

빌 게이츠의 '생각주간(Think Week)'은 익히 아는 바다. 그가 평소에 5분 단위로 계획을 세우며 조밀하게 일정 관리를 한다지만 그에게도 예외는 있다. 그는 일 년에 두 번, 일주일간 모든 것에서 손을 뗀다. 그 기간에는 외부와도 철저히 단절한다. 건강한 뇌를 유지하기 위해서 뇌도 휴식이 필요하다. 하루 종일 쉴 새 없이 일하는 현대인에게 '멍때리기'는 필수다. 전문가들은 학습력, 기억력, 창의사고를 위해서는 하루 15분 정도 '멍때리는 시간'을 가져 뇌를 쉬게 하는 것이 좋다고 한다. 그런 기대 때문인지 '멍때리기 대회'가 2014년 서울 광장에서 처음 시작된 후 여러 곳에서 인기리에 진행되고 있다. 거제의 광활한 바다 풍광이 몹시도 평화롭고 한가로웠다. 휴가 중 이틀은 하필 세찬 폭풍이 일었다. 내가 묵은 숙소의 바다 뷰가 천하일품이었다. 신축 건물로 거실과 침실, 욕조에서도 코앞에 펼쳐진 바다 풍경을 보게끔 설계되었다. 일렁이는 파도와 세찬 파도 소리가 일상의 시름마저 녹였다.

저녁 식사를 마친 나는 여느 때처럼 산책했다. 숙소 주변을 도는 동안 여행객을 도통 만날 수 없었다. 남편과의 동행이었지만 인적 드문 낯선 길에서는 선뜻 무섬증까지 느꼈다. 오솔길로 접어들자 거미, 귀뚜라미, 방울벌레, 산비둘기 등이 은은한 달빛과 함께 아름다운 교향곡을 들려주어 발걸음이 한결 가벼워졌다.

수백 개의 방에서 비추는 전등 빛이 산책로 주변 바닷물에 반사되어 생선비늘처럼 반짝거렸다. 숙소에서 아이들의 해맑은 웃음소리가 동그랗게 들려오는 듯했다. 모처럼 대자연에 왔으면 아이들에게도 자연의 참맛을 알게 해주면 얼마나 좋을까라는 헛생각이 들었다.

요즘엔 갓난아기도 바쁘다고 한다. 온갖 영상물이 그 원인이다. 문득 그날 점심 식사 중에 목격한 어느 가족의 모습이 뇌리를 스쳤다. 젊은 부부와 두세 살 되는 귀염둥이 아들내미였다. 그 아기는 식사 중에도 스마트폰을 손에 쥔 채 영상물에 빠져 있었다. 부모는 전혀 개의치 않고 여행을 즐기는 듯했다.

미국 수학회에서는 만 2세 이하 어린이에게 영상물 보여주는 것을 법적으로 제재하고 있다. 어릴 때 현란한 영상물을 자주 접하면 종이책 읽기를 꺼린다는 이유에서다. 봇물처럼 쏟아지는 SNS 영향으로 부모들도 아이 키우기가 그리 쉽지 않은 환경이다.

우리 아이의 생각 그릇을 넓혀야 할 때가 만 3살까지다. 공부, 인성, 인내, 자신감 등의 그릇이 그 시절에 다 만들어진다. "어린앤데 뭘 알겠어?" 나중에 좀 크면 가르치지."라며 시기를 놓치면 좋은 습관 길들이기가 점점 더 힘들어진다. 원대한 생각지도 틀도 마찬가지다.

조금만 생각을 비틀면 가능하다. '떡 본 김에 제사 지낸다'고 마침 여행한 김에 평상시와 전혀 다른 계획을 은근슬쩍 짤 기회다. 지금은 성인이 된 큰아들 승우 나이 7살 때였다. 경포대로 여름 휴가를 떠난 적이 있다. 애가 좋아하던 장난감이나 책 등은 일체 안 가져가기로 미리 약속했다. 승우는 매우 심심해 했다.

할 수 없이 바닷가에 나가 놀다가 어른 엄지손톱만 한 게를 잡아 숙소로 가져가겠단다. 그것을 잘 가지고 놀다 잠이 들었다. 오줌 누러 중간에 깬 승우는 게 상자에서 어디론가 사라져버린 게를 찾느라 밤새 잠을 설쳤다. 그러면서 얼마나 많은 생각을 했을까. 예를 들면 게가 자기 이불속으로 파고 들면 어쩌나? 등등. 난처한 일을 당할수록 상상력과 생각은 더 커질 수밖에 없다. 따라서 부모는 일부러라도 아이가 감당할 만한 모험의 기회를 줄 필요가 있다.

처칠이나 링컨 등이 편부모 밑에서 자랐지만 크게 성공할 수 있었던 요인 중 하나도 예상치 못한 경험으로부터 얻은 생각의 새판 짜기였을 것이다. 조각난 경험들을 하나로 이으면 새로운 생각지도가 만들어지며 그로 인해 선별적 행동의 근원이 될 수 있으니까.

자녀의 사고력을 높이려면 우선 부모부터 SNS 사용 등을 줄이고 심심한 환경을 만들어야 한다. 바닷가라면 모래성 쌓기, 물놀이 하기, 낙엽 모으기, 곤충 사진 그려보기, 쥐불놀이 등 자연과의 교감은 재미와 생각하는 힘을 길러준다. 다음으로 멜랑꼴리하고 시시한 물음이라도 자주 던져 아이가 스스로 생각케 하자.

시대가 요구하는 괴짜 기질은 풍요보다 결핍에서 꽃이 핀다. 내 자식이 사랑스러워도 속사랑으로, 있어도 없는 척, 알아도 모른 척 하기다. 아이가 자유롭게 탐색하고 스스로 답을 구하도록 돕는 일이다. 우리 속담에 "목마른 놈이 우물 판다"는 말과 일맥상통한다. 아이의 행동이 굼뜨고 어른의 맘에 안 들어도 진득하니 참는 연습을 부모도 해야 한다. 아이는 아직 미완성 단계이기 때문이다.

정답만을 요구하는 우리 교육으로는 생각은 마비되고 더이상 사고의 확장을 기대할 수 없다. "어제와 똑같이 살면서 다른 미래를 기대하는 것은 정신병 초기 증세다." 알버트 아인슈타인의 이야기다. 사고력 신장을 위해서도 작은 변화와 행동을 시도하는 노력을 게을리하지 말아야겠다는 내용이다. 작은 실천이 모여 큰 성과로 이어진다. 오늘 지금 이 시각, 일상에서의 조그마한 실행이 내 아이의 사고력을 진작시키는 단초가 된다. 올바른 사고의 끈을 이어주는 게 바로 탄탄한 생각지도의 힘이다. 이런 일련의 과정들이 기본 바탕이 되어야 디지털 시대에 멋진 주인공이 되리라.

9장

시민성

citizenship

"옥은 다듬지 않으면 그릇을 이루지 못하고
사람은 배우지 않으면 의를 알지 못한다"

-명심보감

01

—

가진 게 많아야
남에게 베풀까?

내가 어릴 때는 대부분 물질이 부족했다. 명절이면 설빔을 얻어 입고 떡을 온 동네에 돌리는 수고를 마다하지 않았다. 집집마다 떡을 돌리며 어른들한테 듣던 덕담 또한 마냥 좋았다. 엄마는 딱히 다른 사람들에게 뭔가 빚진 것도 아닌데 콩 한 쪽이라도 나누고 싶어 했다. 조건 없이 주는 사랑이 얼마나 행복한지를 설렘으로 행했다. 그런 심정을 몰랐던 어린 자식들은 마냥 퍼주는 엄마가 원망스럽기도 했다.

"엄마는 왜 우리 먹을 것은 쪼금 남기고 남 다 주는 거예요."

그것을 이해하기까지는 꽤 오랜 시간이 걸렸다. 어머니는 동네 분들이 그저 고마웠고 명절 때라도 그렇게 베푼 것이다. 사실 그 시절엔 명절이라도 모두가 떡 할 형편은 아니었다. 엄마는 본인이 좀 덜 먹더라도 넉넉히 해서 나누곤 했다. 갸륵한 정성이었다. 내 배가 부른 후 남에게 주는 것은 베풂이 아님을 몸소 실천하신 분이다. 1960~70년대, 배 곯는 거지가 많았다. 거지들은 집집마다 다니며

밥 동냥을 했다. 우리 집에는 거지에게 주던 독상과 밥그릇, 수저, 젓가락이 따로 있었다.

그 당시엔 물건 파는 가게가 흔치 않아 보따리를 이고 물건을 팔던 보부상도 흔했다. 꿀과 인삼의 산지인 금산에서 매년 늦여름쯤이면 으레껏 우리 집에 기거하는 보부상 아주머니가 있었다. 그분은 한 달여를 공짜로 먹고 자곤 했다. 잠자리와 먹거리가 풍부해서가 아니라 단지 어머니 나름의 선행이었다.

나눔을 알게 모르게 실천한 어머니를 보고 자랐다. 물질이 많은 사람이 남에게 주는 것은 어렵지 않을 것이다. 가진 것이 적은 사람이 남에게 베푸는 것은 몇 배의 가치가 있다. 가난하면 가난한 대로 나누려는 따뜻한 마음이 중요하지 않을까.

어머니의 유머러스한 말은 내 친구들도 지금껏 기억하곤 한다. 당시 어머니가 웃을 환경은 결코 아니었다. 낙천적인 성격이 당신의 역경까지 무마시켰던 것이다. 가끔 나를 인터뷰하는 사람들이 가장 존경하는 분이 누구인가를 물을 때가 있다. 그럼 나는 서슴없이 '어머니'라고 답한다. 그분은 무학이었지만 생각의 범위는 지대했고 아량이 넓었으며 옳은 것을 옳다고 말하는 진실하고 따스함을 겸한 분이었다. 욕심 많고 인색한 사람은 모으는 데만 급급하니 주는 것과는 거리가 멀다. 아마도 어머니는 공수래공수거, 즉 빈손으로 왔다가 빈손으로 간다는 사실을 잘 알고 계셨던 듯하다.

어려서부터 마음껏 내 말을 들어주고 공부하란 말을 한마디도 안했으며 엄마한테 맞거나 꾸중 들어 본 적이 한 번도 없었다. 엄마는 내게 공존하는 공기와 같은 존재였다. 나도 그런 영향을 받아서인지

내 자식에게 깊이 관여치 않고 스스로 자기 길을 가도록 먼발치에서 무 소유자처럼 행세하곤 한다. 성인이 된 지금도 그렇다.

무취 무색의 자취를 남긴 어머니를 닮길 원하며 내 자식도 그렇게 살길 기대한다. 아이는 부모의 뒷모습을 닮는다고 했듯 남 탓하지 않고 있는 그대로 받아들이며 남도 잘되기를 바라던 그 무한한 모친의 아량에 가까이 가기엔 턱없이 부족하다. 하지만 나도 남은 여생, 일상에서 조그마한 나눔을 실천한다면 어머니의 마음에 가까워지지 않을까. 보시의 형태가 꼭 경제적인 것만도 아닐 테니 말이다.

어머니라는 역할은 크고도 높다. 먼저 지식의 유무보다 어떤 사랑을 가졌느냐가 중요하다. 재산의 유무가 아닌 남에게 베풀 용기가 있는지가 무엇보다 중하다. 부끄럽지만 나도 인세와 강연료 일부를 '끝끝내엄마육아연구소장학회'에 기부하고 있다. 자그마한 베풂이지만 내게 커다란 기쁨이다. 사실 여러 기부 단체에 조금씩이나마 보탬은 어머니의 마음을 기리기 위함도 크다. 내 발로 걸을 때, 내 손으로 직접 도울 때가 행복이 아닐까 싶다. 나눌 수 있음은 일거양득이다. 주어서 기쁜데 되받는 행복의 크기가 훨씬 크기 때문이다.

큰애 중학생 때 우리 가족은 밥퍼 봉사를 가끔 하곤 했다. 정성껏 밥을 지어 노인들에게 제공하는 손길들은 매우 경건하고도 정성 가득하다. 다문화 가정을 위해 온 가족이 개별 계좌로 기부금을 내고, 막내는 어린이 재단에 아동 기금을 내기 위해 자신의 용돈을 아꼈다. 어릴 때 집안이 가난했던 남편은 아버지를 일찍 여의고 7남매 막내로 자라면서 형제의 도움으로 공부할 수 있었다고 한다. 그

은혜를 잊지 않고 수십 명이나 되는 조카들에게 입학금이나 장학금 조로 금일봉을 주어 자신이 받은 은혜를 갚곤 했다.

우리 부부는 아이가 가슴 따뜻한 사람이 되길 원했기에 다른 이들을 직접 보며 스스로 느끼게 했다. 예를 들면 산책할 때도 국립현충원을 지나는 산책로를 일부러 선택하는 것이다. 30여 년 전의 그곳은 달동네로 주거 환경이 매우 열악했다. 공중화장실을 이용하고 울퉁불퉁한 골목골목을 누비며 그들의 실상을 눈으로 봄으로써 자신의 삶에 자족하고 세상에는 여러 사람이 공존함을 알도록 유도했다.

그래서인지 아이는 자라며 아픈 이를 보면 안타까워했고 명품이 무엇인지조차 모른 채 지낸다. 부모와 함께 한 공동의 시간들이 알게 모르게 스며들어 자자손손 이어진다면 얼마나 기쁠까. 더불어 사는 사회에서 나눔이 삶을 풍요롭게 함은 말할 나위조차 없다.

놀랍게도 가난한 나라 미얀마가 나눔에서 세계 1위 국이다. 미얀마에서는 '흥애(아)싸' 라는 벼 이삭 묶음인 일종의 참새 밥을 곳곳에 걸어둬 새들에게도 보시한다. 미얀마 사람들에게 보시는 일상이다. "영국의 자선 구호단체인 CAF(Charities Aid Foundation)이 발표한 2016 세계 기부 지표에 의하면 미얀마가 미국을 제치고 가장 자비로운 나라 1위로 꼽혔다. 대한민국은 57위다.

우리가 잘 아는 '남수단의 슈바이처'라고 불린 고(故) 이태석 신부, 그는 가난했지만 고통받는 지구촌의 불쌍한 사람들에게 따스함을 선물한 분이다. 남수단의 제자들은 그의 진심 어린 봉사와 사랑을 엿보았다. 그의 제자들은 이 신부의 삶을 본받고 있다. 제자들은 "먹고 살기 위해 의사가 된 것이 아니라 이 신부님 때문에 의사가 됐고 신부님처럼 살아가겠다"고 말했다고 한다. 그들의 헌신적 태도는 남을 사랑하고 돕고자 하는 진정성에서 비롯되었다고 본다.

"강은 자신의 물을 마시지 않고 나무는 자신의 열매를 먹지 않으며 태양은 스스로를 비추지 않고 꽃은 자신을 위해 향기를 퍼트리지 않습니다. 남을 위해 사는 것이 자연의 법칙입니다. 우리 모두는 서로를 돕기 위해 태어났습니다. 아무리 어렵더라도 말입니다. 인생은 당신이 행복할 때 좋습니다. 그러나 더 좋은 것은 당신 때문에 다른 사람이 행복할 때입니다." 프란치스코 교황의 메시지가 가슴을 뭉클하게 한다. 그 말들이 은은히 귓가에 울려 퍼진다. 가슴 따스한 사람들의 끈이 조금씩이라도 이어진다면 세상은 분명 밝고 맑으며 행복한 터전이 되리라.

02
—
다문화가정이
우리의 희망봉

평소 무심했던 다문화가정에 대해 생각을 달리한 건 우연한 기회에서였다. 성인이 된 작은 아들 승현이가 민사고 동아리 활동 시 다문화가정 아이들을 돕는 일에서 기인했다. 그 애는 그 활동에서 그들에게 어떤 도움을 주는 것도 중요하지만 무엇보다 자국민의 의식 변화가 중요하다는 걸 깨달았다. 승현이는 동아리 친구들과 함께 중고등학교 도덕 교과서에 '다문화'라는 말이 얼마나 적혀있는가를 살펴본 적이 있다.

통틀어 다섯 손가락 안에 꼽힐 정도였다. 다문화가정이나 다문화 친구들에 대한 인지도가 매우 낮고 차별적 시각을 갖는 것도 당연함을 알았다. 동아리팀은 조사 결과를 교육부 등에 보내며 초중고 대학의 다문화에 대한 교육을 촉구하기도 했다. 글로벌화되려면 어릴 때부터 세계시민이 무엇인지 교육시키며 계몽운동과 함께 실천이 필요하다는 메시지였다.

한 번은 내가 시골 조그마한 초등학교에 강의하러 간 적이 있었다. 그곳의 학생들 대부분은 다문화가정과 조손가정 아이들이었다. 젊은이가 없는 시골 마을에서 마을 이장이나 반장 일을 다문화인들이 도맡았다. 노인만 많은 마을에 귀한 아기의 울음소리를 들려주는 이도 그들이었다. 그들은 그렇게 우리와 함께 동화되고 있었다.

우리나라 다문화 인구도 백만여 명에 이르면서 사회에 적응하지 못하는 다문화가정이 증가하고 있다. 다문화 인구가 증가하는 만큼 다문화가족의 모습이 우리 사회 곳곳에서 나타날 것이다. 다민족 국가인 미국은 전문교차 문화적 전문상담사 역할을 하는 분야가 따로 있다. 그처럼 우리에게도 '가족문화 지도사' 제도가 있다.

오래전 계기가 되어 그 자격증을 취득했다. 다문화에 관심이 있었기에 그들을 언젠가 도울지도 모른다는 막연한 생각에서였다. 다른 일로 바빠 그것을 까마득히 잊고 지냈다. 이번에 '미얀마청소년 빛과나눔장학협회'라는 봉사단체에서 미얀마 난민을 돕고자 하는 바람이 있던 중 서랍 속에 잠자던 그 자격증을 발견하고 새삼스러웠다.

최근에 지인의 추천으로 '미얀마청소년빛과나눔장학협회'에 가입해 활동하고 있다. 그곳에서는 미얀마 학생들에게 장학금을 주어 미래 인재 양성을 돕고 문화적 교류와 상호 협력을 구축하는 데 있다. 게다가 미얀마를 한 해에 두 번씩 방문해 백여 명 청소년에게 장학금도 수여하고 희망과 도전 정신을 심어주기 위한 교육을 목적으로 하는 단체다. 코로나로 국경이 차단되고 대면 접촉이 어려워 온라인으로 교육과 소통을 해오고 있다.

설상가상으로 미얀마 쿠데타로 장학금 전달조차도 전면 중단되는 안타까운 현실이 되었다. 미얀마의 봉쇄로 그동안 진행하던 장학 사업 등에 손 놓고 마냥 있을 게 아니라 그 대신 국내에 거주하는 미 얀마 난민을 돕는 일을 모색해보자는 의견이 모아졌다.

얼마 전 단체 임원진은 현지 미얀마인과 관련된 곳을 찾아 나섰 다. 미얀마 난민들의 필요와 여건을 알아보고 그들을 도울 일이 무 엇인가를 알기 위해서다. 난민이 겪을 문화적 충격, 교육 문제, 스트 레스, 물적, 심리적 도움과 나눔 등 할 일이 많을 것이다.

아이들에게 관심이 많은 나는 미래의 일꾼으로 성장할 미얀마 아 이들과 부모들 즉, 다문화가정을 돕는 교육이라면 기꺼이 동참하리 라는 생각이 들었다. 자격증 취득 시 교과목들도 다문화 관련으로 다문화가족복지론, 상담 및 심리치료, 아동생활지도론, 부부치료 등이었다. 내가 도울 수 있는 일이 분명 있으리라 생각했다.

우리나라가 난민을 허락한 곳이 딱 한 군데 있는데 바로 미얀마 다. 미얀마 난민들의 한국 입국은 유엔난민기구(UNHCR)의 재정착 난민제도에 따라 2015년 11월에 이뤄졌다. 원조받던 나라에서 잘 사는 나라로 한국의 위상이 오른 만큼 이제는 빚을 갚아야 하며 인 류사회에 기여할 때가 됐음을 시사한다. 그렇게 한국에 온 미얀마 출신 난민 112명 전원은 인천 부평에서 거주하고 있다. 요즘 미얀 마 사태를 보며 많은 생각을 하게 된다. 민주화의 길은 참으로 험난 하고 어려운가 보다.

본국을 떠나 난민이 된 이주자가 비호국에서 적극적인 현지 생활 인이 되기 위해서는 기초적인 생계 및 거주지와 일자리가 제공되어 야 하고 그들이 교육받고 치료받을 수 있는 기본 권리가 보장되어야 한다. 그들이 우리나라에 함께 거주하는 한 우리 아이들과 더불어 살 친구들이다.

이제 우리는 단일 민족이라는 틀에 박힌 사고를 깨고 이질 문화에 대한 반감도 떨쳐내야 한다. 서로 섞여 비빔밥 문화로 어우러져 사는 사회를 만들어 후대에게 곱게 물려줘야 할 의무가 있다. 배려하며 함께 하는 정서와 행동이 쌓일 때 세상은 무지개빛 소망의 세계가 될 것이다. 상호 간의 다른 강점이 융합해야 더 나은 아이디어가 나오고 창의 인재의 길로 가는 원동력이 될 수 있기 때문이다.

혹자는 그들이 우리의 일자리를 빼앗고 기초 생활 지원 등으로 손해 아니냐고 반문할지 모르지만 사실은 다문화가정이 가져다주는 희망은 여럿이다. 그동안 우리도 이민자로 다른 나라에 가서 수많은 도움을 받아왔다. 게다가 요즘 화두인 인구절벽의 시대가 갖는 의미 또한 크다. 출산율 저하로 세계 여러 나라에서는 이미 이민 정책 등으로 다양한 인구 유입에 힘썼다.

우리가 아는 다문화 국가인 미국을 비롯해 열악한 국토를 가진 네덜란드 등도 그렇다. 미국은 이민자들의 다양한 문화와 특성을 인정하고 장려해 최강국이 되었다. 네덜란드 또한 중세에 강소국으로 부상할 수 있었던 것도 종교 탄압 등으로 배회하던 세계 우수인재를 받아들였기 때문이다. 우리도 이미 늦었지만 적극적으로 인구 유입에 신경 써야 한다.

우리나라 통계청이 발표한 '2019인구주택총조사'에 따르면 다문화 가구는 일반 가구의 1.7%인 35만 가구, 가구원은 총인구의 2.1%인 106만 명이다. 다른 나라에 비하면 미미한 수준이다. 세계에서 우리나라와 일본만이 순수혈통주의에 기인해 이민정책에 늑장을 부린 나라다. 적절한 이민자 유입 시기를 놓쳤다. 카이스트 고이민화 교수님은 4차 산업혁명 정착기로 2025년을 꼽았다. 그게 완성되기 전에 인구문제가 해결되지 않으면 발전에 큰 걸림돌이 될 것임을 강조했다.

급속한 고령화로 2030년이 되면 노인 인구가 빠르게 늘고, 젊은이가 줄어 일할 사람은 적고 부양할 짐이 많아지는 까닭이다. 인구절벽으로 인해 경제, 사회 등 여러 난제가 불 보듯 뻔하다. 불행하게도 유엔에서 발표하길 2,500년대 지구상에서 가장 먼저 사라질 나라로 대한민국을 꼽았다.

통계청이 발표한 '2020년 출생·사망통계 잠정 결과'에 따르면 출생아 수는 27만 2천4백 명으로 전년대비 3만 3백 명, 즉 10%나 줄었다. OECD 국가 중 최하위 수준이다. 이런 추세라면 유엔의 경고가 현실이 될 수 있음에 생각만 해도 끔찍하다. 지난 15년간 고령화와 출산율 하락에 따른 인구 감소의 해결책으로 250조 원을 쏟아붓고도 최악의 출산율을 나타내는 안타까운 실정이다.

디지털혁명 시대에는 다양성의 수용이 경쟁력의 원천이기에 순혈주의에서 혼혈주의로 나아가야 한다. 흑백 혼혈아라고 놀림 받던 소년이 자라 미국의 대통령이 된 오바마, 그는 가정 환경상 어려움이 컸지만 사회가 다문화를 적극 받아들였고 그에 버금가는 창의와 사랑, 교육으로 키웠다. 미래에는 인구 보너스 효과로 인구가 많은 나라가 부유국이 될 것임을 미래학자들은 예측하고 있다. 서로 이해하고 협력하는 포용의 시대에 다문화 아이들도 미래 역군이라는 인식과 그들을 우수 인재로 키우려는 의지가 필요하다. 그 길이 서로에게 희망이며 상생의 길이다. 이 땅에서도 제2의 오바마가 나오지 말란 법은 없지 않은가.

03

—

지덕체가 아닌
체(體) 덕(德) 지(知)

기존 대학의 기능 중 하나는 지식을 얻기 위함이었다. 하지만 지금은 지식의 양이 방대해지고 인공지능이 그것을 대신한다. 18년이란 긴 학습 기간을 단순 지식을 얻기 위함은 어쩌면 낭비에 속한다. 지식은 이제 손가락 몇 번만 두드리면 인터넷에서 다 해결할 수 있다. 대학 교육도 무크(MOOC)를 통해 언제 어디서나 세계 석학의 강의를 들을 수 있는 공짜 교육의 시대가 도래했다.

수많은 대학이 살아남기 위해 어떻게 해야 할까가 과제로 떠올랐다. 교육 목표도 지덕체에서 체(體) 덕(德) 지(知)로 바꾸어야 한다. 인성과 호기심, 자신감, 협력 그릇을 넓고 크게 키워 기계가 하지 못하는 창의 인재 육성이야말로 시대의 과제다. 질문과 토론 체험으로 메이커, 기업가 정신을 드높여야 할 때다.

이제 유용한 교육이라는 혁신의 기로에 서 있다. 어려서부터 스스로 문제를 만들고 해결하는 법이 그것이다. 이는 평생 살아갈 기반이 될 역량이다. 아이가 어릴 때부터 어떤 교육을 지향하느냐에 따라 잠재력의 크기가 달라질 수 있다. 역량은 고무줄과 같아 늘어나기도 하고 줄어들기도 한다. 미래 자산인 아이의 역량을 확대하려면 어떻게 해야 할까. 부모, 학교, 선생님, 학생이 일체가 되어 지덕체가 아닌 체덕지의 방향으로 나아가야 한다.

부모는 인생 최초의 교사이다. 선생님 역할 또한 일방적 가르침에서 벗어나 코칭으로 변해야 한다. 적게 가르치는 대신 학생들이 많이 터득하게 유도해야 한다. 대학에서는 평생교육을 활성화해 제2, 제3의 인생 기반을 마련하는 게 더 중요해졌다.

체육 시간이 자습 시간이 된 중고교생의 현실이다. 갈수록 체력은 바닥이고 짜증 지수는 오른다. 건강한 신체가 바른 인격도 만든다. 허약한 신체에 지식만을 쌓으려 한다. 연약한 당나귀에게 봇짐을 가득 신고 자갈길을 가게 하는 거나 뭐가 다를까. 과부하다. 학교에서는 아이들이 책상에 엎드려 잠을 자고 있는 실정이 아니던가.

오로지 공부에 의한, 공부를 위해서다. 공부 탑을 높이 높이 쌓기 위해 인격도 체력도 뒷전이다. 아이들 간에 시기와 경쟁심이 난무한다. 바로 제로섬 게임이다. 그 게임이란 한쪽의 이득과 다른 쪽의 손실을 더 하면 제로(0)가 되는 게임을 일컫는 말이다.

게임에 참가하는 양측 중 승자가 되는 쪽이 얻는 이득과 패자가 되는 쪽이 잃는 손실의 총합이 0이 되는 게임을 가리킨다. 이처럼 내가 얻는 만큼 상대가 잃고 상대가 얻는 만큼 내가 잃는 승자독식의 게임인 만큼 치열한 대립과 경쟁을 불러일으킨다.

그와 반대로 비제로섬 게임으로 승승, 윈윈, 상생, 원 플러스원 등을 도모할 방법이 무얼까. 학교 교육에서 성적 서열화로 수직적

줄 세우기보다 수평적 평가 방식을 취하면 어떨까. 원숭이는 나무를 잘 오르니 그것으로 평가하고 물개는 수영으로, 달리기를 잘하는 치타는 달리기로 각기 인정하는 것이다. 다시 말해 자질과 특성을 살려 각자의 영역에서 그 분야 최고로 기름은 미래의 재원을 확보하는 길이다.

공부가 서열화된 현실에서 옆집 애가 공부 잘하면 그 애가 하는 것을 다 쫓아가려 한다. 사교육이든 무엇이든 빚을 내서라도 시키는 경향이 있다. 100세 시대에 노후대책은 나중 일이고 자식에게 돈을 아낌없이 투자한다.

하루종일 학교 의자에 앉아 있던 아이가 방과 후에도 학원과 사교육으로 무릎 펼 새가 없다. 이 정도면 공부 노예다. 공부 스트레스, 운동 부재, 비교, 차별 등으로 자신감 제로, 의욕 제로, 호기심 제로에 가깝다. 과연 그 지친 지식 쌓기가 제대로 쓰일까?

살아있는 교육이란 지식을 바탕으로 현장에 나가 관찰하며 실험하고 실제 경험을 쌓아 육화하는 과정이다. 이론만을 알게 하는 교육은 반쪽짜리일 수밖에 없다. 실용적이며 창의적 인재를 요구하는 사회로 변해가는 가운데 대학교, 직장마저도 모두 유치원식으로 바뀌어야 하는 이유다. 곧 체덕지의 지향 아니던가.

유치원 교육이란 뭐든 스스로 해보고 부잡하게 움직이며 해결하는 데 목적이 있다. 잘 받은 유치원 교육 수혜자라해도 초중고 대학을 거치는 동안 정답식 떠먹여주는 교육에 매몰되곤 한다. 교육의 목적은 사회에서 필요한 사람을 길러내는 데 있다. 아프리카 속담에 "자식 하나를 기르려면 온 동네가 필요하다"고 했다. 그말은 곧 인성교육의 넓고도 깊은 뜻을 말한다. 동네 어른에게 인사하기, 친구와 사이좋게 지내기 등등이 자연스럽게 포함된다.

지금은 어떤가? 거꾸로 가고 있다. 지덕체를 지향하니 체력과 도덕심이 땅에 떨어졌다. 요즘 대입 수능 시험과 직장 입사 시험에서도 인성을 따로 체크할 정도다. 인성교육은 이론이 아니다. 함께 느끼고 실천해야 한다. 같이 존중하고 배워야 한다. 그 시작점과 종착역도 가정에 있다. 학교, 사회와도 연결된다. 곧 인성교육은 일상에서 배우는 모든 것의 총칭이다. 인성교육은 부모, 학생, 선생님, 사회, 나라가 합세해 이론과 실제를 차분히 실행해 나가는 과정에서 이뤄진다.

이제 체(體) 덕(德) 지(知) 시대다. 아이가 맘껏 뛰어 놀음으로 체력은 강화되고 사회성과 인성이 발달하며 자연스레 지식과 지혜는 덤이다. 자율적 환경에서 아이들이 자란다면 몸과 마음이 자유롭고 스스로 하고자 하는 욕구도 높아질 것이다. "도덕심을 배우면 공부는 덤으로 따라 온다"고 공자도 말하지 않았던가.

04

때로는
호통이 필요하다

유대인 속담에 '아이를 때리려면 구두끈으로 때리라.'라는 말이
있다. 구두끈을 풀려면 시간이 걸리므로 그동안 부모는 아이를 어
떻게 가르칠지를 생각하고 몸과 마음에 상처를 입히지 않도록 훈계
하라는 뜻이다. 우리 아이의 잘못을 고치는 데 체벌과 큰소리로 호
통을 쳐야만 하는 것은 아니다. 칭찬은 고래도 춤을 추게 한다고 했
듯이 칭찬의 효과는 상상 이상으로 크다.

훌륭한 성과를 내려면 긍정과 부정의 피드백, 즉 칭찬과 질책의
적절한 조화가 필요하다. 칭찬이 가속 페달이라면 질책이나 호통은
브레이크에 속한다. 질책으로 보다 나은 효과를 보려면 어떻게 해야
할까. 화를 내는 것과 달리 개인의 개성을 존중하고 상황과 상대에
따라 다르게 적용되는 '질책의 기술'이 동반되어야 한다. 가령 어느
날 아빠가 '대화'하자고 하니까 아이는 시큰둥했다. 대화가 아닌 훈
계와 질책으로 일관한 아빠였기에 아빠와 등을 돌리는 경우가 많다.

요즘 우리 사회의 구성원도 다양하고 의식이나 생각하는 방식도

사뭇 다르게 변모하고 있다. 아쉽게도 사회나 직장, 집안에서 마땅히 존재해야 할 것들이 사라지고 있다. 잘못을 해도 꼬집어 이야기해주기보다 무관심으로 일관한다. 정해진 룰이나 원칙을 벗어나도 나무라거나 호통치는 일이 드물다.

길을 가다가 젊은 아이들의 탈선을 봐도 못 본체하고 지나치는 경우가 비일비재하다. 과거에는 어른에게 인사를 안 하거나 담배를 피우거나 욕지거리를 하면 가차 없이 훈계했다. 직장에서도 상사들은 아랫사람에게 싫은 소리를 하지 않으려고 피한다.

자식 키우는 과정을 보면 더욱 심각하다. 상공에서 맴도는 헬리콥터처럼 부모가 감싸고 헌신할수록 자식을 남의 도움 없이는 살기 힘든 사람으로 만들기 십상이다. 대개 부모들은 자식을 낳으면 아이들 위주로 재편된다. 살인적인 사교육비에다 그것도 성이 안 차면 아예 해외로 조기유학을 보낸다. 기러기 아빠의 탄생이다. 교육이 끝나도 끝이 아니다. 직장을 알아 봐야 하고 결혼 시기가 되면 빚을 내서라도 혼수는 물론 살림집까지 장만해줘야 한다. 그 외에 또 다른 것이 기다린다. 손자를 봐주어야 하고 빈 냉장고를 가끔 채워주다 못해 심지어는 신용카드까지도 내준다.

부모의 헌신적인 역할의 결과는 무엇일까? 부모는 자식들에게 때로는 이기적이어야 하고 경찰의 역할도 필요하다. 중국에서 한때 대발이 아버지가 나오는 한국 드라마가 크게 인기였다. 밥하고 빨래까지 도맡아 하는 지나친 중국의 여권 사회에서 아버지들의 절규였는지도 모른다. "부모는 기대야 할 존재가 아니라 기댈 필요가 없도록 해주는 존재다."라는 말이 있다. 부모는 물고기를 직접 잡아주기보나 잡는 법을 알려주는 역할이 더 중요하다.

좀 특이한 회사 이야기인 '일본전산 이야기'가 30만 부 넘게 팔리면서 유명세를 탔다. 눈물이 쏙 빠질 정도로 혼만 내는 사장을 직원들이 평생 믿고 따르겠다는 기현상이다. 그런 이야기에 관심을 갖고 우리나라 대기업은 물론 중소기업들까지 직원들에게 그 책을 읽히고 독후감까지 권유하는 이유는 무엇일까.

이 회사는 1973년 사장을 포함한 단 네 명이 보잘것없는 자본금으로 세 평짜리 시골 창고에서 시작했다. 2008년 말 계열사 140개에 직원 13만 명을 거느린 매출 8조 원의 막강한 기업으로 놀라운 성장을 했다. 또한 적자에 허덕이던 경쟁 업체 30여 개를 인수합병해 1년 내 흑자로 재건시켰다. 그것은 눈물이 쏙 빠지도록 호통을 치는 나가모리 시게노부(永守重信) 사장의 호통경영 방식이 뒷받침이 되었다.

그는 실패한 일에 대해서는 여지없이 호통친다. "호통을 치려면 평소의 4배의 마음 관리가 필요하다. 호통은 관심과 애정의 표현"이라고 말한다. 호통을 통해 실패 자체를 질타하는 것이 아니라 오히려 경험을 축적한 데 대한 가점제를 도입하기도 했다. 한 잡지에서 세계에서 가장 존경받는 CEO 30인에 선정되기도 했다.

그는 명문 대학 출신들을 뽑을 수 없었던 영세한 시절, '밥 빨리 먹는 사람', '목소리 큰 사람', '화장실 청소 잘하는 사람'을 채용해 최고의 임원으로 성장시켰다. 포복절도할 '입사 시험' 이야기는 우리의 상식을 깬 괴짜 경영의 한 방식이기도 하다. 호통경영이 있었기에 가능하지 않았을까.

그의 일화로 회자되는 유명한 말이 있다. "신발을 정리하는 일을 맡았다면 신발 정리를 세계에서 제일 잘할 수 있는 사람이 되어라. 그렇게 된다면 누구도 당신을 신발 정리만 하는 심부름꾼으로 놔두지 않을 것이다." 하찮은 일일지라도 철저히 파고들면 언젠가 도사의 경지에 도달한다. 작고 하찮은 일과 크고 위대한 성취는 동전의 양면처럼 연결돼 있음을 알게 한다.

진정한 선진국이란 국민소득이라는 숫자라기보다 법과 원칙을 지키고 예측이 가능한 사회라고 한다. 우리나라가 선진 사회가 되려면 원칙을 지키지 않을 때 직장의 상사, 사회 지도자, 집안 아버지들의 질책과 호통이 부활되어야 한다. 액셀러레이터만 밟고 질주하는 사회에 꼭 필요한 브레이크 역할은 호통과 질책이 아닐까.

05

—

3심(心)의 위력

남을 위해 헌신적으로 살아간다는 것은 초심을 잃지 않고 열심과 뒷심이 가동되어 이루어진다. 대부분의 위인들은 10대 때 원대한 꿈을 갖고 평생 동안 초심자로 살아간 사람들이다. 김구, 안창호, 유일한, 이민화 등이다.

초심, 열심, 뒷심의 3심을 실천한 분으로 유일한 박사의 예를 들어보자. 그는 진정한 리더십을 발휘하며 평생을 살았다. '유한양행'의 리더뿐만 아니라 우리 사회의 진정한 리더로 모든 국민의 존경을 받고 있다. 그는 자신의 성공을 나눌 줄 아는 위대한 기업가정신의 소유자였다.

큰아이 승우는 어릴 때 도서관에서 자서전을 빌려 즐겨 읽었다. 덕분에 엄마인 나도 유일한에 대해 자세히 알 수 있었다. 그가 10대들에게 들려주는 이야기는 매우 인상 깊다.

"자기가 현재 처한 위치에서 혹은 미래의 사회와 민족을 위해 무엇을 할 수 있는지 항상 생각하라. 진정한 리더십은 자신의 성공을 사람들과 나누는 마음이다. 자신이 더 소유하기를 원하는 리더는 구성원들에게 더 존경받을 수 없다. 나눔의 즐거움을 배워라. 다른 사람을 위해 봉사하고 헌신하는 자세도 노력을 통해서 기를 수 있다. 진정한 리더는 어떤 사람인가. 자신이 되고 싶은 리더의 모습에 대해 늘 생각하고 그렇게 되기 위해 노력하라."

그는 자신의 말에 책임을 다한 실천가이자 위인이다. 그의 말처럼 돌아가실 때 전 재산을 사회에 환원했다. 노블레스 오블리주를 몸소 실천하며 나눔의 소중함을 알게 해준 귀한 분이다. 우리는 흔히 꿈을 쉽게 꾸고 쉽사리 잊으며 실천에 둔하다.

훌륭한 인물이 되고 중요한 목표를 이루기 위해서 3심(心)이 필요하다. 초심, 열심, 뒷심이다. 그중에서도 초심이 으뜸이다. 왜냐하면 초심은 열심과 뒷심까지 포용하기 때문이다. 다시 말해 초심에서 열심이 샘솟고 초심을 잃지 않을 때 뒷심도 생긴다. 마치 계주선수들의 바톤 이어받기와도 흡사하다.

지혜로운 삶은 영원한 초심자로 사는 게 아닐까. 어떤 사람이 피카소에게 말했다. "당신의 그림 속에는 동심이 담겨있습니다". 피카소는 그의 말을 듣고 "저는 그 동심을 가꾸는 데 40년이 걸렸습니다"라고 대답했다.

위대한 예술품도 동심에서 나오며 축적의 시간이 필요하다. 사실상 뭔가 이루었다고 안도할 때가 가장 위험한 때다. 그때 숙고해야 할 게 바로 초심이다. 인생의 위기는 초심을 잃을 때 찾아온다. 초심을 상실했다는 것은 자만심이 싹트기 시작했음을 의미한다. 즉 열정이 사라지기 시작했으며 겸손히 배우려는 마음을 잃은 것이다.

초심은 어떤 일을 시작할 때 처음 갖는 마음이다. 즉 '처음처럼'과도 같고, 첫사랑과도 같다. 초심이란 겸손, 순수, 배움, 동심, 호기심의 마음이다. 초심자의 자세를 잃지 않으려면 정기적으로 마음을 점검해야 한다. 초심은 사랑과도 같기에 날마다 가꾸지 않으면 안 된다. 사랑은 전깃불이 아니라 모닥불과도 같다. 전깃불은 돌보지 않아도 되지만 모닥불은 돌보지 않으면 쉽게 사그라든다.

이처럼 부모에게도 3심이 필요하다. 아이의 큰 꿈을 실현하는 기반이 바로 그것이기 때문이다. 꿈을 이루기 위해서는 모닥불처럼 지극한 돌봄을 유지해야 한다. 그렇다고 누군가가 개입해 성공을 좌지우지할 수 없다. 성공에 영향을 미치는 결정적 변수는 단순히 재능이나 환경이 아니다. 그것은 자기 가치관에 따라 선택한 일, 즉 스스로 하고 싶은 일을 했느냐에 달려 있다.

"자기 자신을 찾으려 애쓰고 스스로 길을 찾아가세요. 아이들을 알려고 하기 전에 자기 자신을 알려고 애쓰세요. 아이들의 권리와 책임을 논하기 전에 당신의 능력이 어느 정도인지 먼저 깨달아야 합니다. 무엇보다 중요한 것은 당신도 한때 어린아이였음을 깨닫는 것입니다. 아이를 기르고 가르치려면 무엇보다도 먼저 아이를 이해해야 합니다."

이는 폴란드 의사 야누슈 코르착의 저서 『야누슈 코르착의 아이들 중 아이를 사랑하는 법』에 나오는 내용이다. 어른들 자신과 아이를 어떻게 이해해야 하는지의 근본 메시지가 담겨있다. 아이를 내 소유인 양 다루는 부모나 어른들에게 정곡을 찌르는 내용이다. 40여 년 후 야누슈 코르착의 생각을 근거로 1989년 'UN 아동 권리 협약'이 선포되었다.

'아동은 완전하고 조화로운 인격 발달을 위해 가정적인 환경과 사랑과 이해의 분위기 속에서 성장하여야 한다. 아동은 사회에서 한 개인으로 잘살아갈 수 있도록 충분히 길러져야 하며 UN 헌장에 선언된 정신, 특히 평화·존중·관용·자유·평등·연대의 정신 속에서 자라나야 한다.' (UN 아동 권리 협약 내용 중)

야누슈 코르착의 책을 읽기 전까지는 그 협약이 그의 노고라는 점은 미처 몰랐다. 그로 인해 아이의 인격을 존중할 수 있는 데드라인이 정해져 얼마나 다행스러운 일인가. 그의 어린이에 대한 사랑의 초심이 위대한 결과를 낳았음이 분명하다. 이처럼 초심을 가꾸어 UN 아동 권리 협약이라는 뒷심까지 꽃피운 결과는 노력과 인내의 결정체가 아닐까.

우리 부모도 아이의 지대한 꿈과 헌신적 삶, 그리고 성공을 돕기 위해 3심(心)을 발휘해야 한다. 우리의 자랑 유일한 박사가 10대에 품은 초심을 평생 잃지 않고 열심을 낸 것도 굳센 각오의 뒷심이 잘 작동했기 때문이리라. 이처럼 인생에서 3심(心)의 3박자를 조화롭게 실행한다면 부모와 아이의 위력도 찬란하게 빛날 것이다.

나는 육아와 관련하여 호기심이 많은 편이다. 자녀 양육을 다 마친 지금도 육아 서적을 찾고 변화에 관심을 가지며 어떻게 아이를 잘 기를지 고민한다. 육아서와 미래 산업 관련 책 수백 권가량 읽어낸다. 각종 독서와 교육처 방문 등 모든 수단을 동원한다. 그간 책 구입비와 교육 참가비가 지출 항목 중 다섯 손가락 안에 꼽을 정도다.

새 이론을 접할 때마다 육아와 어떻게 접목할지에 매달리곤 한다. 하지만 쉽지 않다. 지금 어린아이라도 미래에 살아갈 소중한 양식이 무엇일지가 화두이다. 이는 어쩔 수 없는 육아 작가의 숙명일지도 모른다. 우리 아이들의 미래가 얼마나 소중한지에 대한 갈망과 염려가 크기 때문이다.

급변하는 디지털 이론과 육아를 통합하기는 힘든 과정이었다. 시중에 육아 관련 책은 많으나 내가 쓰려는 미래 교육의 방향이나 실천과는 거리가 멀었다. 고뇌 끝에 급변하는 세상에 맞춰 성공적인 육아 9가지 핵심 키워드를 창안하기에 이르렀다. 그것은 끝끝내엄마 김영희만의 독특한 육아 비법이다. 이 책이 육아에 작은 보탬이 되기를 기대한다.

이 책을 쓰도록 동기부여해 주신 분들이 많다. 4차 산업혁명의 대가, KAIST의 고(故) 이민화 교수는 내게 큰 스승이었다. 그분은 공학도이면서 인문, 사회, 역사, 문화를 다 아우르는 지혜의 섬을 품은 인격자였다. 안타깝게도 정신적 길잡이였던 이민화 교수는 지병으로 갑자기 돌아가셨다. 한번은 고 이민화 교수님께 4차 산업혁명 관련 미래 육아서를 쓴다고 하니 "좋네요. 끝끝내엄마 응원해요~"라고 말씀하시며 용기를 북돋아 주셨던 일이 지금도 생생하다.

그 외 유엔미래포럼의 박영숙 교수, 세계미래포럼의장 제롬글렌의 미래예측 교수법 전수, 조찬 포럼인 인간개발연구원의 여러 연사들의 강연과 휴넷의 행복한 경영대학, 기술독립군, 미래학교, 디지털책쓰기협회, 책글쓰기대학, 디지털문인협회, 빛과나눔장학협회, 한국산문 종로, 브레이크뉴스 칼럼 게재 등은 평생 공부의 디딤돌이다. 공부를 하며 만난 단체와 사람과의 귀한 인연은 내게 커다란 희망과 기쁨을 주었다.

이 책이 나오도록 애써주신 출판사 작가교실의 김용길 대표, 출판 관련자 분께 고마움을 전한다. 항상 응원을 아끼지 않은 남편과 승우, 예지, 승찬, 특별히 어머니 처럼 응원해 주시는 한송지 교수님, 사랑의 형제 자매 그외 여러 지인분들과 친구들 또한 감사하다.

저자 김영희